folio
junior

Le Club des Baby-Sitters

0. La fondation du Club
1. L'idée géniale de Kristy
2. Claudia et le Visiteur Fantôme
3. Le secret de Lucy
4. Pas de panique, Mary Anne
5. Carla et les trois monstres
6. Un grand jour pour Kristy
7. Claudia a des ennuis

Ann M. Martin

Le Club des Baby-Sitters

8. Lucy est amoureuse

Illustrations de Karim Friha

GALLIMARD JEUNESSE

Voici le portrait
des sept membres du

Club
des Baby-Sitters…

NOM : Kristy Parker, présidente du club
SA TENUE PRÉFÉRÉE : jean, baskets et casquette.
ELLE EST… fonceuse, énergique, déterminée.
ELLE DIT TOUJOURS : « J'ai une idée géniale… »
ELLE ADORE… le sport, surtout le base-ball.

NOM : Mary Anne Cook,
secrétaire du club
SA TENUE PRÉFÉRÉE :
toujours très classique,
mais elle fait des efforts !
ELLE EST… timide,
très attentive aux autres
et un peu trop sensible.
ELLE DIT TOUJOURS :
« Je crois que je vais
pleurer. »
ELLE ADORE… son chat,
Tigrou, et son petit ami, Logan.

NOM : Lucy MacDouglas,
trésorière du club
SA TENUE PRÉFÉRÉE :
tout, du moment que c'est
à la mode…
ELLE EST… new-yorkaise jusqu'au bout des
ongles, parfois même un
peu snob !
ELLE DIT TOUJOURS : « J'♥ New
York. »

NOM : Carla Schafer, suppléante
SA TENUE PRÉFÉRÉE :
un maillot de bain pour bronzer sur les plages de Californie.
ELLE EST… végétarienne, cool et vraiment très jolie.
ELLE DIT TOUJOURS :
« Chacun fait ce qu'il lui plaît. »
ELLE ADORE… le soleil, le sable et la mer.

NOM : Claudia Koshi, vice-présidente du club
SA TENUE PRÉFÉRÉE :
artiste, elle crée ses propres vêtements et bijoux.
ELLE EST… créative, inventive, pleine de bonnes idées.
ELLE DIT TOUJOURS :
« Où sont cachés mes bonbons ? »
ELLE ADORE… le dessin, la peinture, la sculpture (et elle déteste l'école).

NOM : Jessica Ramsey, membre junior du club
SA TENUE PRÉFÉRÉE : collants, justaucorps et chaussons de danse.
ELLE EST… sérieuse, persévérante et fidèle en amitié.
ELLE DIT TOUJOURS : « J'irai jusqu'au bout de mon rêve. »
ELLE ADORE… la danse classique et son petit frère, P'tit Bout.

NOM : Mallory Pike, membre junior du club
SA TENUE PRÉFÉRÉE : aucune pour l'instant, elle rêve juste de se débarrasser de ses lunettes et de son appareil dentaire.
ELLE EST… dynamique et très organisée. Normal quand on a sept frères et sœurs !
ELLE DIT TOUJOURS : « Vous allez ranger votre chambre ! »
ELLE ADORE… lire, écrire. Elle voudrait même devenir écrivain.

Titre original : *Boy-Crazy Stacey*
Édition originale publiée par Scholastic Inc., New York, 1987

1

– Maman, comment est-on censé se tenir dans une grande maison ?

Ma mère a levé les yeux de la lettre qu'elle était en train d'écrire.

– Pardon, que veux-tu, Lucy ?

– Ce soir, le Club des Baby-Sitters se réunit chez les Parker. Enfin, chez Kristy. Et je veux être sûre de faire les choses comme il faut.

– Mais ce n'est pas la première fois que tu vas chez les Lelland, ma chérie.

– Je sais, mais cette fois c'est une invitation officielle. Et Kristy dit que ses voisins sont très chic. Rappelle-toi comme nous avons dû laver et brosser Foxy quand les Parker ont déménagé, pour qu'il ait l'air aussi beau que les autres chiens du quartier.

Maman a souri.

– Tu sais bien que Kristy exagère un peu parfois. Je crois que tu dois te comporter exactement de la même façon que si elle habitait toujours dans son ancienne maison.

– Vraiment ?

– Vraiment. À quelle heure dois-tu y être, ma chérie ?

– Dans une heure environ. M. Koshi nous y conduira, Claudia, Mary Anne et moi, dès qu'il rentrera de son travail.

– Et tu feras…

– Mais oui, maman, je ferai attention à ce que je mange.

Elle a dû sentir l'impatience dans ma voix et a ajouté :

– Lucy, ce n'est pas la peine de t'énerver.

– Mais tu sais bien que je fais toujours attention. Et puis Kristy a certainement prévu du pop-corn nature ou des fruits. C'est une toute petite fête. Juste un dîner.

Tous les membres du Club des Baby-Sitters allaient se retrouver dans la nouvelle maison de Kristy Parker, notre présidente. Elle venait d'emménager avec sa mère et ses frères dans la grande propriété de Jim Lelland, un homme très gentil… qui est aussi milliardaire. Dans son quartier, les maisons ont de grands jardins, des piscines ou des courts de tennis. Elles sont construites en retrait par rapport à la rue et cachées derrière des murs ou des haies.

Avant de déménager, Kristy habitait dans une maison classique, à Bradford Court, juste à côté de chez

Mary Anne Cook, la secrétaire du club et sa meilleure amie, et en face de chez Claudia Koshi, notre vice-présidente et ma meilleure amie. C'est Kristy qui a eu l'idée de créer un club de baby-sitting pour les familles du voisinage et cela marche du tonnerre. À nous quatre, plus Carla Schafer, qui n'habite pas très loin, nous nous retrouvons trois après-midi par semaine pendant une demi-heure environ dans la chambre de Claudia. Les gens qui ont besoin d'une baby-sitter nous téléphonent et, comme nous sommes cinq, ils sont pratiquement sûrs de trouver quelqu'un pour garder leurs enfants.

Nous avons un agenda dans lequel nous notons toutes sortes d'informations, dont nos emplois du temps. Mary Anne y reporte également tous nos rendez-vous. Kristy veut que nous tenions aussi un journal de bord où nous racontons nos baby-sittings. Chacune le lit à tour de rôle, ce qui n'est pas inutile.

Cet été, notre club a un peu élargi ses activités. En juillet, en plus de nos baby-sittings, nous avons organisé une halte-garderie dans mon jardin. Nous y avons accueilli les enfants du quartier trois matinées par semaine. Nous leur lisions des histoires, les faisions jouer, dessiner, peindre, etc. Cela s'est très bien passé.

Le club existait depuis maintenant près d'un an, puisque nous l'avons créé à la rentrée de la cinquième, mais c'était la première fois que nous allions nous séparer et faire des choses chacune de notre côté. Mais avant de nous quitter pour quelques semaines au mois d'août, Kristy a voulu nous réunir une dernière fois, dans sa nouvelle maison, et nous étions ravies. Nous aimons beaucoup la propriété de Jim, même si nous nous sentons un peu nerveuses à l'idée d'y aller.

Je suis montée dans ma chambre et j'ai passé en revue toute ma garde-robe. Qu'allais-je bien pouvoir mettre ? Il fallait que je choisisse ma tenue avec beaucoup de soin. Je voulais être assez décontractée pour pouvoir m'amuser, mais assez chic pour impressionner les riches voisins. Il me fallait une tenue légère car il faisait à peu près quarante degrés à l'ombre. J'ai changé d'avis au moins cinq ou six fois pour finalement choisir un haut que j'avais acheté lorsque nous étions allés rendre visite à des amis à New York : un chemisier rose, avec de grands oiseaux brillants verts et jaunes. Il était suffisamment ample pour que je sois à l'aise. J'ai mis un pantalon fluide, une ceinture verte, des bracelets d'argent et des pendentifs en forme de clochettes. J'aime bien le léger tintement qu'elles font quand je bouge la tête. J'adorerais pouvoir me faire percer un deuxième trou à chaque oreille pour pouvoir mettre deux paires de boucles en même temps, mais mes parents ne sont pas d'accord.

J'ai grandi à New York – nous n'habitons à Stonebrook que depuis un an – et j'ai des goûts bien précis. Mes parents me permettent d'acheter des vêtements à la mode, mais ils ne veulent rien entendre au sujet des deux trous à chaque oreille. Ils prétendent que j'aurais l'air d'un pirate. Moi, je n'ai jamais vu de pirate avec plus d'une seule boucle. Je n'ai pas manqué de le leur faire remarquer, mais ils n'ont pas trouvé ça drôle.

Un coup de Klaxon m'a tirée de mes rêveries.

La voiture des Koshi se trouvait devant l'entrée. M. Koshi était au volant, Mimi, la grand-mère de Claudia, sur le siège passager. Claudia était à l'arrière avec Mary Anne.

– J'arrive ! ai-je crié avant de dévaler les escaliers. Au revoir, maman !

– Attends, Lucy.

– Maman, je dois partir !

Ma mère m'a rejointe dans le hall et m'a glissé un petit sachet dans les mains.

– Qu'est-ce que c'est ?

– Des morceaux de pomme.

– Maman, je te jure qu'il y aura tout ce qu'il faut chez Jim. Il a la plus grande cuisine que j'aie jamais vue. Je suis sûre de trouver une pomme quelque part !

Je lui ai rendu le sachet et j'ai ajouté :

– Mets ça dans le frigo, d'accord ? Je le mangerai demain.

Mes parents s'inquiètent constamment pour moi depuis que l'on a découvert que j'avais du diabète. Je dois surveiller la quantité de sucre que j'absorbe chaque jour, à savoir ni trop ni trop peu. Si je ne fais pas attention, le niveau de sucre dans mon sang se modifie complètement et je peux devenir très malade. Mes parents ont toujours peur que je ne sois pas sérieuse et que je mange n'importe quoi. C'est vrai que j'ai souvent été tentée, mais je ne l'ai jamais fait. Je n'ai aucune envie d'être malade !

J'ai couru vers la porte d'entrée.

– À tout à l'heure, maman !

Mon père était dans le jardin à s'occuper de l'un de nos massifs de fleurs. En été, c'est son activité favorite en début de soirée.

– Au revoir, papa !

– Au revoir, ma chérie, sois raisonnable.

« Sois raisonnable. » J'aurais dû m'y attendre. Mais je me suis rappelé qu'il y avait encore un an de cela, c'était à peine s'ils me laissaient aller à l'école.

Je me suis installée à l'arrière de la voiture.

– Bonjour, tout le monde ! Bonjour, Mimi !

Mimi s'est retournée et m'a adressé un sourire chaleureux.

– Bonsoir, Lucy.

Mimi parlait à voix basse. Elle se remet lentement de l'attaque qu'elle a eue cet été. Depuis, elle se déplace avec peine et a des difficultés pour parler.

Claudia et Mary Anne étaient aussi excitées que moi à l'idée d'aller chez Kristy. Nous ne tenions pas en place, mais le temps de traverser la ville, nous étions déjà plus calmes.

En apercevant Kristy assise sur le pas de sa porte, nous avons réalisé que nous nous faisions du mouron pour rien. Elle nous attendait en lisant un magazine, une glace à l'eau à la main. Elle portait tout simplement un jean coupé au genou et un T-shirt blanc troué avec « *I ♥ my dog* » et la silhouette d'un colley. Elle n'avait même pas pris la peine de mettre des chaussures !

L'image était rassurante. Ma mère ne s'était pas trompée ! Peu importait l'endroit où elle vivait, Kristy serait toujours Kristy. Je n'aurais pas à me comporter différemment avec elle.

Carla est arrivée au moment où la voiture de M. Koshi disparaissait à l'autre bout de l'allée.

– Salut ! a-t-elle crié en bondissant hors de l'auto de sa mère. À tout à l'heure, maman !

Toutes les cinq, nous nous sommes regardées avec impatience.

– Eh bien, allons-y ! a lancé Kristy.

Nous avons dit bonjour à sa mère et à Jim dans la salle de séjour. Puis nous avons monté les escaliers quatre à quatre jusqu'à la chambre de Kristy. La maison de Jim est si grande que Kristy et ses trois frères ont chacun leur chambre. Et même les deux jeunes enfants que Jim a eu d'un premier mariage, Karen et Andrew, qui ne vivent pas tout le temps avec lui, ont leur propre chambre quand ils viennent. Il y a aussi une salle de jeux et des chambres d'amis. Un vrai palace ! Quand nous vivions à New York, nous avions ce que l'on peut appeler un appartement confortable, et il n'y avait pourtant que quatre chambres à coucher, dont une à peine suffisamment grande pour que l'on y mette un lit.

Foxy, le chien de Kristy, était allongé sur son lit et nous a accueillies avec des battements de queue. À sa grande joie, nous nous sommes toutes affalées à ses côtés.

– Où sont tes frères ? ai-je demandé.

– David Michael doit jouer dans les parages. (David Michael a six ans.) Et Samuel et Charlie sont chez des voisins qui ont une piscine. (Samuel et Charlie sont plus âgés et vont au lycée.) Des sandwichs, pour le dîner, ça vous va ? Maman et moi en avons préparé des tonnes cet après-midi. Il y en a au thon nature pour toi, Lucy.

– Génial. Merci d'avoir pensé à moi.

J'ai jeté un coup d'œil vers Mary Anne. Je l'ai déjà dit, Mary Anne est la meilleure amie de Kristy, et Claudia est ma meilleure amie, mais c'était amusant de penser que Mary Anne et moi allions bientôt passer deux semaines ensemble. J'étais un peu inquiète. Nous sommes si différentes ! Mary Anne a encore un côté très petite fille, je suis beaucoup plus mûre. Elle ne s'intéresse pas aux garçons, alors que j'ai eu deux petits amis en cinquième.

Claudia m'a demandé tout à coup :

– Prête pour partir avec les Pike, Lucy ?

C'était comme si elle avait lu dans mes pensées.

– Je l'espère. Ce sera la première fois que je passe deux semaines avec huit enfants. Heureusement, Mary Anne sera là pour m'aider.

– Quelle chance vous avez ! s'est écriée Kristy avec envie. Deux semaines à la plage !

– Deux semaines à courir derrière Claire, Margot, Nicky, Vanessa, Byron, Jordan, Adam et Mallory, ai-je précisé.

Kristy a fait la moue.

– Tu sais, je suis prête à garder tous les enfants de la terre si c'est pour aller à la mer.

Malgré mon anxiété à l'idée de partir avec Mary Anne, j'avoue que j'étais impatiente. Les membres de notre club font souvent du baby-sitting chez les Pike, et Mme Pike nous avait demandé quelque chose d'un peu particulier. Elle avait besoin de deux baby-sitters pour l'aider à s'occuper des enfants pendant leurs vacances à Sea City, dans le New Jersey. Mary Anne et moi étions les seules disponibles.

Dans quelques jours, Mary Anne et moi serions à la mer, Claudia et sa famille devaient passer des vacances au calme à la montagne, dans le Vermont. Carla et son jeune frère s'envoleraient pour la Californie pour rendre visite à leur père. Ils n'y étaient pas allés depuis le divorce de leurs parents, c'était il y a sept mois.

– Je n'arrive pas à croire que je vais rester coincée ici, à Stonebrook, alors que vous partez toutes dans des endroits formidables, a gémi Kristy.

– De quoi tu te plains ? s'est exclamée Carla. Tout le monde n'a pas la chance de vivre dans une maison aussi jolie !

– Je sais. Mais maman a décidé qu'il fallait que nous restions tous ici pendant les vacances pour renforcer les liens de notre nouvelle famille.

Au même moment, la mère de Kristy est apparue dans l'encadrement de la porte. Elle nous apportait un grand plateau avec des sodas et des sandwichs. À peine avait-elle quitté la pièce que nous nous sommes précipitées sur la nourriture comme des affamées. Puis nous avons essayé de nouvelles coiffures, et j'ai mis les boucles d'oreilles à clip de Kristy pour voir ce que cela ferait si, par le plus grand des miracles, mes parents acceptaient de me laisser percer un deuxième trou aux oreilles.

– Oh ! s'est soudain écriée Carla en jetant un coup d'œil à sa montre. Il est presque neuf heures. Maman a dit qu'elle viendrait me chercher entre neuf heures et neuf heures et demie.

Claudia s'est levée du lit.

– Papa va bientôt arriver, lui aussi.

Les épaules affaissées, Kristy s'est mise à pleurnicher :

– Les filles, je ne vais pas vous voir pendant plus de deux semaines !

– J'ai une idée, a suggéré Mary Anne. Et si on s'écrivait pendant les vacances ? Chacune de nous pourra t'envoyer de jolies cartes postales.

Kristy a sorti un répertoire du tiroir de son bureau pour prendre nos adresses. Elle avait retrouvé sa bonne humeur. Puis, les yeux brillants d'excitation, elle a ajouté :

– J'ai une meilleure idée. Lucy et Mary Anne, vous allez m'écrire une carte tous les jours pour me raconter votre séjour chez les Pike. Nous les mettrons ensuite dans le journal. De cette façon, il restera à jour et nous respecterons le règlement. Qu'en pensez-vous ?

– Je ferai peut-être du baby-sitting chez mes anciens voisins, en Californie, a fait savoir Carla. Si c'est le cas, je t'enverrai aussi des notes.

– M. Koshi et Mme Schafer sont là ! a crié David Michael de l'entrée.

Nous nous sommes regardées. Le visage de Kristy s'est rembruni aussitôt et elle s'est mise à pleurer. Puis ça a été le tour de Carla. Puis de Mary Anne, suivie par Claudia et moi.

– Vous allez me manquer ! a sangloté Carla.

– Vous aussi et je vais m'ennuyer ! a soupiré Kristy.

– Et moi qui ne suis jamais partie sans mes parents ! a avoué Mary Anne en reniflant.

Nous nous sommes embrassées et Kristy nous a distribué des mouchoirs en papier.

Quelques minutes plus tard, Claudia, Mary Anne et moi étions installées sur la banquette arrière de la voiture des Koshi. Nous nous sommes mouchées pendant tout le trajet, jusqu'à Bradford Court.

Je me sentais malheureuse… Mais dès que je me suis retrouvée dans ma chambre en train d'empaqueter mon nouveau deux-pièces, de penser au soleil, à l'océan, aux beaux garçons en maillot de bain et à la plage dont les enfants Pike nous parlaient tout le temps, l'excitation a fait place à la tristesse. Puis l'heure de se coucher est venue ; j'étais tellement énervée à l'idée d'aller à Sea City que je n'arrivais pas à dormir.

2

Rien ne vaut le moment où l'on sonne chez les Pike. Si les enfants sont à la maison, c'est à qui se précipitera le premier vers la porte.

Le lendemain après-midi, Mary Anne et moi étions donc devant leur porte d'entrée. « Courage », me suis-je dit avant de sonner.

J'ai entendu des bruits de pas derrière la porte, laquelle s'est ouverte brutalement, comme enfoncée par un bélier.

Claire, Margot, Nicky, Vanessa et Jordan, tout rouges et essoufflés, nous ont accueillies avec des sourires jusqu'aux oreilles.

– Salut ! a crié Claire.

Claire est la benjamine des Pike. Elle a tout juste cinq ans. Margot en a sept, Nicky huit, et Vanessa neuf. Quant aux triplés, Jordan, Byron et Adam, ils ont dix ans. La plus âgée de la famille, Mallory, a onze ans. Elle est très mûre et nous donne souvent un coup de main. Elle nous a même bien aidées à la halte-garderie le mois dernier.

Claire m'a attrapé la main pour m'entraîner derrière elle.

– Viens.

Pour faire comme sa sœur, Margot a empoigné la main de Mary Anne.

– Ouais, venez vite !

Vanessa, qui est plutôt calme d'habitude, s'est mise à sauter dans tous les sens.

– Demain, nous allons à Sea City ! Nous verrons la plage et les coquillages si jolis !

Nicky a levé les yeux au ciel.

– Est-ce que tu dois absolument tout faire rimer ?

– Bien sûr, puisque je serai poète.

– Tiens, ça ne rime pas cette fois.

Vanessa lui a tiré la langue.

– Maman, Vanessa m'a tiré la langue !

Mary Anne et moi étions coincées contre une porte du hall d'entrée.

– Ça suffit, les enfants, a rouspété Mme Pike en arrivant précipitamment. Laissez Mary Anne et Lucy respirer.

Les enfants lui ont aussitôt obéi.

Mme Pike nous avait invitées cet après-midi-là pour discuter des vacances et nous expliquer quelles seraient nos responsabilités. Après avoir dit aux enfants d'aller jouer dans le jardin, elle nous a conduites dans le salon.

– La plupart du temps, mon mari et moi serons là et vous n'aurez qu'à nous aider. Mais il arrivera que nous ayons des choses à faire l'après-midi ou que nous sortions certains soirs, en tête à tête. Vous prendrez alors la relève.

Mary Anne et moi avons hoché la tête. Nous allions avoir beaucoup plus de responsabilités que lors d'un simple baby-sitting.

– Est-ce que vous déjà allées sur la côte du New Jersey ? nous a demandé Mme Pike.

Mary Anne a secoué la tête.

– Jamais.

– Une fois.

– Eh bien, Sea City est une petite ville où il y a beaucoup de choses à faire et à voir. Il faudra bien surveiller les enfants à cause de la circulation et de l'océan.

Mary Anne et moi écoutions avec attention.

– Si, en général, mon mari et moi sommes assez souples dans notre manière de faire, il y a cependant une règle à laquelle nous tenons beaucoup : il est absolument interdit d'aller dans l'eau, ou même d'y tremper les pieds, avant neuf heures du matin et après cinq heures du soir. De neuf heures à cinq heures, les maîtres nageurs sont à leur poste, sauf en cas de pluie. Alors vous pouvez nager autant que vous voulez à condition de rester en face du poste de garde. Est-ce clair ?

– Oui, avons-nous répondu d'une seule voix.

– Je ne veux pas paraître dure. Simplement, c'est très dangereux d'aller dans l'eau sans surveillance. Mais ne vous inquiétez pas, il y a des tas de choses à faire à Sea City. Entre les trampolines, le golf miniature, les boutiques du centre-ville et le parc d'attractions, vous ne risquez pas de vous embêter.

J'ai souri d'excitation.

– Vous allez voir, c'est un endroit merveilleux, a repris Mme Pike. Nous y allons depuis neuf ans. Je suis sûre que vous vous y plairez.

Puis Mme Pike nous a parlé de la maison qu'ils avaient l'habitude de louer, des courses, de la cuisine et du partage des corvées. De mon côté, je lui ai fait part de mon régime alimentaire et des injections d'insuline que je devais me faire tous les jours. Elle m'a rassurée en me disant qu'elle était déjà au courant pour mon diabète et qu'elle avait prévu tout ce qu'il fallait pour le voyage.

Mme Pike avait eu assez de mal à convaincre mes parents de me laisser partir à la mer. C'était la première fois que je quittais le cocon familial plus d'une nuit, depuis que l'on avait découvert que j'avais du diabète. Mes parents n'avaient donné leur accord qu'après avoir pris contact avec des médecins de Sea City pour s'assurer que je serais bien soignée en cas de problème.

Mary Anne et moi avons quitté la maison des Pike dans un état de grande excitation. Nous devions partir le lendemain matin à huit heures. Il était temps de rentrer préparer nos bagages.

– J'ai déjà fait mes valises, m'a avoué Mary Anne. Je ne pouvais pas attendre. Je panique un peu, mais je suis folle de joie à l'idée de partir. C'est la première fois que je quitte mon père, c'est mon premier séjour à la mer… et mon premier deux-pièces ! Papa m'a permis d'en acheter un à condition que le bas ne soit pas trop échancré.

Le père de Mary Anne avait toujours été très sévère avec elle. C'est vrai qu'il l'était encore, mais ça allait mieux. Mme Cook était morte quand Mary Anne n'était qu'un bébé et il avait dû élever sa fille seul. En fait, il était un peu moins strict depuis qu'elle commençait à lui tenir tête.

De retour à la maison, j'ai ouvert ma valise sur mon lit et me suis mise à ranger mes vêtements avec soin : le deux-pièces de l'an dernier, le nouveau, deux robes légères, des sandales, des shorts, des débardeurs et une chemise de nuit. Puis j'ai tiré du tiroir de mon bureau une bouteille de lotion éclaircissante et je l'ai cachée sous mes vêtements. J'étais décidée à rentrer de vacances avec les cheveux encore plus clairs. Ils sont blonds, mais je voulais qu'ils soient encore plus brillants. Mais si maman avait vu le flacon, elle m'aurait tuée.

– Chérie ?

J'ai sursauté, puis j'ai vérifié que le flacon était bien au fond de la valise.

– Je fais mes bagages.

Maman est venue s'asseoir sur le bord de mon lit et elle m'a regardée plier mes affaires.

– Tu n'as rien oublié ?

– Je ne pense pas. Mme Pike nous a dit que ce n'était pas la peine d'emmener trop de vêtements. Une petite robe suffit si nous sortons dîner.

– Vous aurez de quoi vous occuper ?

– De quoi nous occuper ? Mais nous allons garder huit enfants !

– Je sais, mais je suis sûre que tu auras un peu de temps à toi. Tu as emporté un livre ou quelque chose ?

– Oui, j'ai pris un roman policier et un jeu de cartes.

Maman a acquiescé d'un signe de tête.

– Et des timbres ? Tu as des timbres pour nous envoyer des cartes postales ?

Maman semblait de plus en plus nerveuse.

– Non. Mais il y a sûrement un bureau de poste là-bas.

– Je vais en chercher. Je reviens.

Elle est partie en trombe dans sa chambre et je l'ai entendue fouiller partout dans son bureau, avant de revenir avec un carnet de timbres. Puis elle m'a demandé si j'avais pensé au dentifrice. Mais je savais ce qui la tourmentait. Elle voulait s'assurer que je n'avais rien oublié, que j'avais pris tout le nécessaire pour les injections d'insuline. Je lui ai montré la trousse de voyage qu'elle m'avait achetée.

– Regarde, tout y est. Les numéros de téléphone des médecins sont dans mon sac à main. Mme Pike les a notés aussi. Et elle sait tout sur mon régime. Nous en avons parlé cet après-midi.

– Oh, Lucy, je suis tellement inquiète ! Je ne vais pas arrêter de me faire du souci pendant ces deux semaines.

– Il n'y a pas de raison, lui ai-je dit en venant m'asseoir à côté d'elle et en passant un bras autour de ses épaules. Il y a un téléphone et la ligne est branchée, tu n'auras qu'à m'appeler. Mme Pike te contactera s'il arrive quoi que ce soit, mais ce ne sera pas le cas. Promets-moi seulement de ne pas téléphoner trop souvent, d'accord ? S'ils voient que mes parents s'inquiètent autant, les enfants vont penser que je suis encore un bébé et ils ne m'obéiront plus.

Maman m'a regardée longuement. Puis elle m'a serrée dans ses bras et nous nous sommes embrassées. Elle pleurait. Moi aussi, un petit peu. Ce n'était pas toujours facile d'aider ses parents à grandir. Mais c'était nécessaire.

3

Samedi après-midi

Chère Kristy,

Ça y est ! Après un trajet très mouvementé, on est enfin arrivés. Comment trouves-tu cette carte postale ? Mary Anne et moi avons découvert une boutique où l'on vend des cartes vraiment démentes.

Voici quelques notes à recopier dans le journal du club : il arrive que les petits Pike soient malades en voiture et Claire est toujours dans sa période idiote. Elle appelle tout le monde « stupide bêbête gluante ».

C'est tout pour aujourd'hui. On t'écrira demain.

Bisous,

Lucy

Le lendemain matin, j'ai compris ce que voulait dire l'expression « maison de fous ».

Mary Anne et moi étions arrivées très tôt chez les Pike. Mon père nous avait accompagnées. Maman et moi avions versé quelques larmes la veille, mais il fallait voir Mary Anne et son père. C'étaient les chutes du Niagara ! Je n'avais encore jamais vu un homme pleurer comme ça !

Le temps d'arriver chez les Pike, Mary Anne avait séché ses larmes et il n'en paraissait plus rien. Mon père s'est arrêté devant la maison et nous a aidées à décharger nos valises.

– Tu peux y aller, maintenant, papa, si tu veux, lui ai-je dit. Ce n'est pas la peine de venir à l'intérieur avec nous.

Papa a compris à demi-mot. Il m'a serrée dans ses bras, a salué M. Pike, puis il est parti.

M. Pike était en train d'installer la galerie de la voiture. Ou plutôt les deux galeries des deux voitures. Nous étions si nombreux qu'il fallait prendre les deux breaks de la famille.

Pendant que son mari s'efforçait de faire tenir toutes les valises sur les toits, Mme Pike entassait des sacs dans l'allée, aidée par Mallory.

Margot est accourue à notre rencontre.

– Salut, Lucy ! Salut, Mary Anne !

Claire a surgi aussitôt de la maison pour venir nous rejoindre. Je n'avais jamais vu quelqu'un d'aussi excité. On aurait dit qu'elle avait avalé dix tasses de café.

– Salut, Lucy, petite bêbête gluante ! s'est-elle écriée d'une voix perçante. Salut, Mary Anne, stupide petite bêbête gluante !

Elle galopait en faisant des cercles. J'ai lancé un coup d'œil à Mary Anne. Claire était vraiment à un âge bête. C'était à vous rendre fou.

Une fois les valises solidement harnachées sur les galeries, M. Pike s'est tourné vers la maison… pour trouver sept cartons à ses pieds.

– Qu'est-ce que c'est que tout ça ?

– Les lits des petits, lui a répondu Mme Pike.

– Les jouets aussi, a tenu à préciser Nicky.

M. Pike a poussé un gémissement.

Trois quarts d'heure plus tard, tout était entassé sur et dans les voitures, nous y compris. Je faisais le voyage en compagnie de M. Pike. J'étais installée à l'arrière, à côté de Nicky. Entre nous : un carton. À nos pieds : un Thermos. Affalées tout à l'arrière, il y avait Claire et Margot. Mallory était à l'avant, avec son père.

– Vous êtes bien installées ? ai-je demandé aux filles.

– Ouais, a lancé Margot. On a tout ce qu'il faut.

– Des livres de coloriage…

– Des crayons…, a continué Claire.

– Des oreillers…, a constaté Nicky en se retournant.

– Des biscuits…, ai-je repris. Mais qu'est-ce que ce truc fait là ? me suis-je exclamée en apercevant un seau en plastique rouge, sur lequel on avait soigneusement écrit en grosses lettres : SEAU DES PIKE.

– Au cas où on serait malades, a expliqué Claire.

Nicky m'a donné un coup de coude complice :

– Et on a bu plein de jus de raisin ce matin. Si on vomit, ce sera tout violet.

Claire et Margot se sont mises à rire de manière hystérique. J'ai fermé les yeux. Je ne peux absolument pas supporter la vue d'une personne malade. Quand j'ai rouvert les yeux, M. Pike m'observait dans le rétroviseur.

– Ne t'inquiète pas, ce seau ne sert que rarement. Nous avons eu très peu d'urgences, si je me souviens bien.

Je lui ai souri pour le remercier d'avoir éclairci ce point.

Comme nous étions dans deux voitures, M. et Mme Pike ont réglé quelques détails avant de prendre la route. Les premiers arrivés iraient chercher les clés de la maison à l'agence de location. Il fallait demander Ellen Baldwin.

Puis, ce fut enfin le départ.

– Au revoir, maison ! a crié Nicky.

– Au revoir, stupide bêbête maison gluante ! a renchéri Claire.

– Au revoir, Stonebrook. À nous Sea City ! a lancé Mallory à son tour.

– Eh ! stupide bêbête papillon gluant, a dit Claire à son père. Devine quoi !

– Quoi ma chérie ?

– Rien !

Et elle s'est mise à glousser sous le regard blasé de ses frères et sœur.

Après avoir traversé un carrefour, M. Pike s'est arrêté. Une des cordes qui maintenaient les bagages venait battre contre le pare-brise.

– Nous sommes déjà arrivés ? s'est étonnée Claire.

Nicky a haussé les épaules d'un air de mépris.

– Nous sommes toujours dans notre rue, idiote.

– Ne la traite pas d'idiote, l'a grondé Mallory.

– Lucy, stupide petite bêbête gluante ?

J'ai hésité un moment avant de répondre, je ne voulais pas tomber dans le même piège que son père.

– Oui ?

– C'est encore loin ?

– Il y en a encore pour plusieurs heures. Pourquoi Margot et toi ne faites pas des coloriages ? Ou alors, vous pourriez faire un beau dessin pour votre maman.

Les fillettes ont alors pris leurs cahiers et leurs crayons. Nicky a sorti de sa poche un horrible petit monstre vert avec lequel il s'est mis à jouer. Sur le siège avant, Mallory lisait *Le Jardin secret.* Nous avons rejoint l'autoroute. Pendant la première demi-heure, les enfants se sont occupés sagement. Mais alors que nous étions en train de regarder par la vitre, Mme Pike nous a dépassés. Jordan brandissait une grande feuille de papier. Il avait gribouillé « vomitoire ambulant » et nous montrait du doigt en riant.

– Vomitoire ! s'est insurgé Nicky. Mais pour qui il se prend ? Vite, un papier !

Margot lui a tendu une feuille, des ciseaux et des crayons.

– Tiens.

– Une feuille et un crayon rouge, c'est tout.

– Qu'est-ce que tu es en train d'écrire, Nicky stupide petite bêbête gluante ? a voulu savoir Claire.

Comme Nicky ne daignait pas lui répondre, elle a dû poser la question une bonne dizaine de fois.

Très fier, Nicky a finalement montré son chef-d'œuvre.

On pouvait y lire : « comète vomitive ».

– Ça leur apprendra, a fait remarquer Mallory.

– Hé, papa ! Accélère !

– Pourquoi ?

– Je voudrais que tu dépasses maman.

– Désolé, mon Nicky. Il y a trop de circulation. Peut-être un peu plus tard.

– Oh, zut !

Nicky s'est tassé sur le siège en faisant la moue et les filles ont repris leurs coloriages tandis que Mallory se replongeait dans son roman. Mais Nicky continuait à scruter la route, essayant de repérer la voiture de sa mère. Puis il s'est mis à chanter doucement : « Vive le vent, Batman renifle, Robin pond un œuf. »

– Tu as compris, Lucy ? Robin pond un œuf ?

– J'ai compris.

– Vive le vent, Batman et Robin pondent un œuf...

Mallory s'est retournée, les sourcils froncés.

– Nicky, je déteste cette chanson.

Mais il s'est remis à chanter à tue-tête. Ce n'est qu'en arrivant à la hauteur de la voiture de Mme Pike qu'il s'est interrompu pour s'écrier :

– Les voilà !

La circulation était très dense. Dans la file de Mme Pike, les voitures roulaient au ralenti, et au moment où nous les avons dépassés, Nicky a plaqué son papier sur la vitre à l'attention des triplés. Claire en a profité pour crier à sa mère :

– Mamoune stupide bêbête gluante !

Pour couronner le tout, Margot a attrapé le seau rouge.

– Je ne me sens pas très bien.

Elle était effectivement toute blanche.

– Zut, a dit Nicky. Elle n'a pourtant pas bu de jus de raisin.

Je n'ai pas quitté Margot des yeux. De blanche, elle était passée au vert et semblait aller de plus en plus mal. « Si jamais elle vomit, ai-je pensé, j'en ferai autant… »

Mallory s'est tournée vers moi :

– Elle serait mieux à l'avant.

– Si vous changez de place, faites attention, nous a prévenus M. Pike d'un air mécontent.

– La dernière fois que c'est arrivé, Margot a vomi au moment où elle grimpait sur le siège, a cru bon de rappeler Nicky.

– Super, ai-je marmonné.

Les filles ont finalement réussi à changer de place sans incident et Margot a gardé son petit déjeuner. Nicky s'est remis à chanter.

– Nicky, si j'entends encore une fois cette chanson…, a menacé M. Pike, les yeux rivés sur la route.

– D'accord, a répondu Nicky, mais en recommençant aussitôt.

– Nicky !

– Mais c'est une autre chanson !

Le ton cinglant de son père l'a cependant dissuadé de poursuivre.

– Encore combien de minutes ? a demandé Claire.

– Dans un quart d'heure, nous ferons une pause, a promis son père. Vous pourrez manger une glace, si vous voulez.

Quel soulagement ! Nous avions tous besoin de nous dégourdir les jambes.

Nous nous sommes arrêtés sur une aire d'autoroute. Mary Anne et les enfants ont englouti d'énormes cornets de crème glacée en moins de cinq minutes. J'ai eu de la chance, il y avait des glaces à l'eau sans sucre. J'ai pu me régaler avec tout le monde. Les adultes se sont contentés d'une tasse de café.

Puis, nous sommes remontés dans les voitures. Au fil des kilomètres, le paysage s'est mis à changer, la terre paraissait plus sablonneuse, les arbres moins hauts et moins touffus.

– Sea City 15 km ! s'est écriée Mallory en apercevant un panneau sur le bord de la route. Youpi !

Ses frères et sœurs ont applaudi de joie. Très vite nous avons quitté l'autoroute. Mme Pike nous suivait. La route traversait un terrain marécageux. L'air était chargé d'embruns.

– Voilà le panneau avec la vache ! a lancé Nicky, fier d'avoir repéré celui-ci le premier.

Il y avait en effet une énorme vache en relief sur le bas-côté. C'était une publicité pour de la crème glacée.

– « Des moules pour la foule » ! a enchaîné Mallory en désignant du doigt un restaurant.

– Et voilà la fille de la crème à bronzer ! a fait à son tour Margot devant un panneau où l'on voyait un chiot tirant sur le maillot de bain d'une petite fille toute bronzée.

– Pourquoi M. Stupide passe-t-il sur la pointe des pieds à côté de l'armoire à pharmacie ? s'est esclaffée Claire d'un air entendu. Parce qu'il ne veut pas réveiller les somnifères !

– Ne t'excite pas comme ça, Claire ! ai-je essayé de la calmer.

À mesure que nous nous approchions de Sea City, le silence revenait dans la voiture. Les yeux grands ouverts, les enfants semblaient subjugués par l'air de la mer, le bruit des vagues, les cris et les rires des enfants au loin. Il y avait tellement de choses à voir qu'ils en oubliaient de parler. Nous sommes passés devant le parc d'attractions, le golf miniature, les magasins de souvenirs, les boutiques, les restaurants et les vendeurs de glaces. À l'horizon, l'océan miroitait sous le soleil.

4

Samedi soir

Chère Claudia,

Cela fait une demi-journée que nous sommes à la mer. Tu aurais dû voir les enfants à notre arrivée.

Les bagages à peine défaits, nous sommes partis en exploration. Ils étaient excités comme des puces. Il y a tant de choses à voir et à faire, ici ! Nous avons été en ville et avons fait une promenade sur la plage. J'ai vu le plus beau garçon de la terre. C'est un des maîtres nageurs.

Bisous et à bientôt,

Lucy

M. Pike roulait au pas dans la rue principale de la ville. Il y avait des palmiers devant la plupart des magasins, mais ils étaient en plastique ! Il faut dire que le New Jersey n'est pas la Californie. M. Pike a tourné dans une petite rue et s'est arrêté devant une maison rose entourée de gravier blanc. Un panneau indiquait « Ellen Baldwin, agent immobilier ». Il nous a demandé de l'attendre sagement dans la voiture et il est revenu quelques minutes plus tard avec un trousseau de clés, une chemise pleine de prospectus et un ballon gonflable.

– Je le veux ! s'est empressé de crier Nicky en désignant le ballon.

– Non, il est pour moi ! a pleurniché Margot.

– Moi aussi, je le veux ! a renchéri Claire.

Je me suis emparée du ballon.

– Le ballon est à tout le monde ou à personne.

– Merci, Lucy, a soupiré M. Pike.

– Mais il ne peut pas être à tout le monde, a rétorqué Nicky.

– Alors il n'est à personne.

Nicky m'a regardée, l'air ravi.

– S'il n'est à personne, je veux bien le prendre.

Heureusement, la maison n'était pas loin. Notre arrivée a coupé court à toute discussion.

– Terminus ! a fait M. Pike. Tout le monde descend !

– Ouais, hourra !

Nous avons bondi hors de la voiture. Mme Pike s'est garée derrière nous, dans l'allée. Les triplés et Vanessa se sont précipités vers la maison. Les autres couraient et sautaient dans tous les sens. Pas de doute, l'air sentait merveilleusement bon. Ce n'était pas seulement le sel, c'était quelque chose d'autre que je ne pourrais décrire, une fraîcheur complètement différente de l'air de la campagne.

– Nous y voici, nous y voilà, nous revoilà, dans notre maison de pain d'épice, près de la plage d'or ! a joyeusement entonné Vanessa.

– C'était joli, ça, a fait Byron avec admiration.

C'était vrai que la maison semblait être faite en pain d'épice, avec ses balustrades torsadées et ses corniches. Elle était grande, joliment peinte en jaune avec des bandeaux blancs et donnait sur l'océan. J'ai consulté Mary Anne du regard et j'ai vu qu'elle était également sous le charme. Je savais qu'elle était déjà en train d'imaginer ce qu'elle allait écrire à Carla.

– Est-ce que vous louez la même maison chaque année ? ai-je demandé à Mallory en l'aidant à décharger les bagages de la voiture.

– Oui, et nous avons de la chance, elle est tout près de la plage. Le soir, on s'assoit parfois sous la véranda pour regarder l'océan. Et quand il y a de l'orage… je monte dans la chambre du deuxième étage, je m'assieds près de la fenêtre et je regarde les éclairs et les vagues qui se déchaînent.

J'ai eu un frisson d'excitation. C'était tellement romantique !

– Et puis, a ajouté Mallory, le poste des maîtres nageurs se trouve juste devant notre maison. On peut donc nager presque quand on veut.

De la rue, on accédait à la maison par-derrière. Nous avons transporté tous les bagages jusqu'à la porte de service.

– Et si tout le monde gardait les mêmes chambres que l'année dernière ? a suggéré M. Pike. Les garçons, dans la grande chambre au bout du couloir, Claire et Margot, dans la chambre à côté de la nôtre, Vanessa et Mallory, dans la chambre rose. Comme ça, Mary Anne et Lucy pourraient prendre la chambre jaune, d'accord ? Mallory, tu veux bien la leur montrer, s'il te plaît ?

Mary Anne avait les yeux écarquillés et pétillants. Les pièces du rez-de-chaussée étaient spacieuses, claires et aérées. Il y avait la salle de séjour, une véranda et la cuisine.

Au premier, un grand couloir donnait sur les chambres à coucher et les salles de bains. Cela me rappelait un peu la résidence de M. Lelland, tellement c'était gigantesque, mais je crois que la nouvelle maison de Kristy est encore plus grande.

– Voici la chambre jaune, nous a annoncé Mallory en ouvrant une porte au bout du couloir. Si elle ne vous plaît pas, il y a deux autres chambres au deuxième. Vous pouvez aussi échanger avec quelqu'un.

– Oh non, c'est parfait ! s'est exclamée Mary Anne. Absolument parfait.

C'était une jolie chambre, sans doute, mais je trouvais que la décoration était vieillotte. Il y avait deux lits très hauts en bois sombre, du parquet, et du papier peint à fleurs jaunes. Cela dit, elle donnait sur la plage. Par la fenêtre, on pouvait voir le sable, le soleil et le poste de secours.

– C'est formidable ! ai-je fait une fois seule avec Mary Anne. Quelle vue ! Défaisons vite nos valises. Nous aiderons ensuite les enfants à en faire autant et, après le déjeuner, nous pourrons sortir et organiser quelque chose.

Aussitôt dit, aussitôt fait. Nous avons vidé nos valises et rangé nos affaires dans le placard et la grande commode qui séparaient nos deux lits. Puis nous avons donné un coup de main aux enfants. Pendant que M. et Mme Pike continuaient à défaire les bagages, ouvrir les fenêtres et dresser une liste des courses à faire, Mary Anne et moi avons préparé des sandwichs que toute la famille a mangés dans la cuisine.

À la fin du repas, j'ai fait l'erreur de demander :

– Que voulez-vous faire cet après-midi ?

– Aller à la plage, a répondu Mallory.

– Aller au centre-ville, a fait Jordan.

– Aller nager, a dit à son tour Adam.

– Aller au parc d'attractions ! s'est exclamé Nicky.

– Faire des châteaux de sable, a dit Claire.

– Aller sur la grande roue, a lancé Margot.

– Aller au Palais de la crème glacée, a déclaré Byron, qui adore manger.

– Chercher des coquillages, chercher des coquillages que l'océan a rejetés sur le rivage.

C'était Vanessa, sans aucun doute.

Mary Anne et moi nous sommes regardées. Elle a froncé les sourcils.

– Bien… Peut-être pourrions-nous faire tout cela à la fois… enfin, en quelque sorte.

– Comment ? ont demandé les enfants.

– Eh bien, partons en exploration. Lucy et moi ne sommes jamais venues ici. Vous n'avez qu'à nous emmener faire un tour ? Nous n'aurons certainement pas le temps d'aller très loin, jusqu'au parc d'attractions, par exemple, mais au moins nous verrons la ville.

Les triplés se sont tout de suite ralliés à cette idée et leur enthousiasme a fini de convaincre les autres. Un quart d'heure plus tard, Mary Anne et moi emmenions notre petite troupe en ville.

– Par où commençons-nous ? ai-je demandé.

– La rue principale, s'est empressé de répondre Adam.

– Bonne idée, a acquiescé Mallory. Nous traverserons la ville avant de revenir par la promenade.

Cela nous a pris deux heures rien que pour traverser la ville. Presque toutes les deux minutes, il a fallu s'arrêter. Nicky voulait voir combien coûtait le trampoline cet été, Byron si le cornet de crème glacée était toujours au même prix, et s'il y avait toujours de la vanille à la cerise au Palais de la crème glacée. Mallory et Vanessa se précipitaient dans toutes les boutiques de souvenirs et s'extasiaient devant les petits animaux en coquillages (vraiment jolis), les chapeaux de paille, les serviettes de bain, les gourdes, les T-shirts, les shorts et les cartes postales, et j'en passe.

Nous avons échappé de peu au drame quand Byron a acheté des bonbons au Paradis du sucre et qu'il a décidé qu'il ne voulait pas partager avec ses frères et sœurs. Heureusement que Mary Anne et moi avions un peu d'argent sur nous. Nous avons pris des petits ours en chocolat pour tout le monde, sauf pour moi, bien sûr. La rue principale était très animée et il y avait des tas de boutiques.

– Le Jardin du hamburger ! s'est écrié Byron devant un restaurant de seconde zone, entouré de fleurs en plastique toutes racornies.

Les tables en terrasse étaient en forme de champignons, et les serveurs étaient déguisés en animaux.

– Demande à Claire comment s'appelle cet endroit ! m'a suggéré Jordan d'un air taquin.

– Comment s'appelle cet endroit, Claire ?

– Le Jardin du hamgurber.

Byron s'est tordu de rire.

– Elle se trompe chaque fois !

Un peu plus loin, Margot s'est plantée devant une pâtisserie à la devanture alléchante.

– C'est là que nous achetons nos petits pains au chocolat. Miam miam !

– Et voici le golf miniature, a fait Jordan en pressant le pas.

– Je n'ai jamais joué au golf miniature, ai-je dit. Et toi, Mary Anne ?

– Deux fois. Il y en a un près de Shelbyville.

Voyant mon intérêt, Adam a demandé, plein d'espoir :

– On pourrait peut-être faire une partie ?

– Je suis désolée. J'aimerais beaucoup, sauf que nous n'avons pas d'argent. Mais nous reviendrons et je suis sûre que nous nous amuserons bien.

Nous sommes restés un moment à observer les joueurs avant de reprendre notre chemin.

Nous avons ensuite longé la promenade, ce qui nous a pris une bonne heure. Pour rentrer, nous sommes passés par la plage, qui s'étendait jusqu'à la maison des Pike.

– On peut aller dans l'eau ? a demandé Nicky.

J'ai jeté un coup d'œil à ma montre.

– Désolée, mon grand, mais il est dix-sept heures. Les maîtres nageurs vont s'en aller. Et puis, vous n'avez même pas vos maillots !

Nicky a insisté :

– On pourrait au moins tremper nos pieds dans l'eau ?

– S'il te plaît, s'il te plaît, jusqu'aux genoux seulement ? a supplié Vanessa.

– Non. Vous connaissez la règle.

– On pourrait faire un château de sable ou chercher des coquillages, a suggéré Mary Anne pour détourner leur attention.

Nicky a fait la moue, les bras croisés sur la poitrine.

– Ce sont des jeux de filles. Et si on jouait au badminton, plutôt ?

Sans même attendre notre réponse, il a filé dans la maison chercher les raquettes et les volants.

Mary Anne et moi étions assises sur le sable. Les enfants riaient et gambadaient, ravis d'être enfin à la mer. J'ai regardé autour de nous. Il y avait surtout des familles sur la plage. Quand mon regard s'est posé sur le poste des maîtres nageurs, j'ai remarqué que deux d'entre eux étaient particulièrement mignons. L'un était brun avec des cheveux bouclés, l'autre avait des cheveux blonds ondulés. Ils devaient avoir environ dix-sept ans.

Lorsque le garçon blond s'est penché pour plier sa serviette, il a jeté un coup d'œil vers nous. Il a vu que je le regardais, m'a souri et m'a fait un petit clin d'œil.

J'ai cru défaillir tellement il était beau.

– Mary Anne, je crois que je suis amoureuse.

– Qu'est-ce que tu racontes ?

– Je suis amoureuse. Tu vois le maître nageur, là-bas ? Le blond. J'en suis amoureuse.

Mary Anne a levé les yeux au ciel. Elle devait me prendre pour une folle.

5

Dimanche

Chère Kristy,

Une information à ajouter dans le journal : les Pike sont des lève-tôt !

Bisous,

Lucy

Dimanche

Chère Claudia,

Je suis amoureuse de Scott, le beau maître nageur. Il est grand, blond et bronzé... Et je crois qu'il m'aime bien.

A plus tard,

Lucy

P.-S. : Mary Anne ne doit pas voir cette carte. Elle ne comprend pas ce que je ressens pour Scott et pense que je me fais des idées.

– Lucy ? ai-je entendu murmurer une petite voix.

Je me suis tournée sur le côté et j'ai tiré la couverture par-dessus ma tête, en espérant que ce n'était qu'un rêve. Il était bien trop tôt pour se lever, surtout un dimanche matin.

– Lucy ?

Cette fois-ci, la voix se faisait plus pressante.

– Mmm.

– Lucy ! Stupide bêbête gluante !

– Quoi ?

Je me suis dressée sur mon lit d'un bond.

– Qu'y a-t-il ?

Margot se tenait à la porte de la chambre avec Claire à ses côtés.

– On voudrait aller à la plage, a fait Margot avec un petit sourire.

– Quoi ?

C'était Mary Anne qui se réveillait à son tour.

– Elles veulent aller à la plage alors qu'il fait encore nuit.

– Ce n'est pas vrai, a rétorqué Margot. Le soleil est presque levé.

– J'aime pas le soleil, a soudainement dit Claire. Il devrait être levé depuis longtemps !

– Chut, les filles ! Vous allez réveiller tout le monde. Il est trop tôt pour aller à la plage… Il est même trop tôt pour se lever. Venez un peu dans mon lit.

Les filles grimpèrent à mes côtés, mais comme il n'y avait pas assez de place, Claire est allée dans celui de Mary Anne. Sans même nous en rendre compte, nous nous sommes rendormies profondément. Je n'ai ouvert un œil que bien plus tard, alléchée par les odeurs de chocolat chaud et de pain grillé qui venaient de la cuisine.

– Mmm. Des œufs au bacon, des tartines bien dorées…

– C'est papillon stupide bêbête toute gluante qui prépare le petit déjeuner, a fait Claire.

Mary Anne et moi nous sommes habillées et sommes descendues dans la cuisine avec nos deux marmottes. Tout le monde était là. Mallory et Nicky avaient déjà leur maillot de bain sur eux, mais Vanessa, les triplés et les petites dernières étaient encore en pyjama. Je me suis dit que cela devait prendre un bon bout de temps de préparer huit enfants pour aller à la plage.

– Bonjour ! nous a lancé M. Pike. Bien dormi ? C'est moi le chef, ce matin. Vous avez faim ?

– Oh oui !

– Super. Lucy, viens me donner un coup de main.

– Je ne suis malheureusement pas très bonne cuisinière.

– Ne t'inquiète pas, je voulais juste m'assurer que tu peux manger ce que j'ai préparé.

Il y avait des tartes aux fruits qui tiédissaient dans le four.

– C'est parfait. Ça a longtemps été mon petit déjeuner préféré.

– Du pain de mie grillé ?

J'ai vérifié la liste des ingrédients sur l'emballage.

– Il n'y a pas de problème non plus.

– Du bacon ?

– Avec plaisir.

– Il y a aussi de l'omelette au fromage. C'est ma spécialité.

– Euh... Je suis désolée, mais c'est de la crème de gruyère et je n'ai pas le droit d'en manger.

– Pas de problème. Je vais te préparer deux œufs brouillés.

– Merci.

M. Pike ne semblait pas le moins du monde contrarié, mais je me sentais coupable. Une jeune fille au pair n'était pas censée donner du travail supplémentaire aux parents qui l'engageaient. Et puis, j'avais peur que Mallory ou l'un des enfants me demande pourquoi je suivais un régime alors que j'étais déjà très mince. Je n'avais pas envie de leur expliquer mes problèmes de diabète. Mais personne n'a fait de remarque sur mes œufs. Ils n'ont même pas tiqué quand j'ai préféré une banale tranche de pain grillé à une délicieuse brioche au beurre.

À peine la dernière bouchée avalée, Jordan a bondi sur ses pieds.

– À la plage !

Mais ce n'était pas aussi simple que ça. Il fallait encore mettre tout le monde en maillot de bain et réunir huit serviettes, deux parasols, quelques sièges, quatre seaux et autant de pelles, des balles et des raquettes, des livres, un jeu de cartes, de la crème solaire, des T-shirts et des boissons. Mary Anne, toujours organisée, avait préparé son sac de plage la veille au soir. Elle avait pensé à prendre une brosse à cheveux, des lunettes, un serre-tête et un roman. J'ai jeté mes affaires en vrac dans une besace. Je n'ai, bien sûr, pas oublié ma bouteille de Cristal Soleil. Quand il a fallu enlever nos shorts et T-shirts pour dévoiler nos maillots, j'ai dit à Mary Anne :

– Toi la première.

– Non, toi.

– Bon, d'accord.

Je portais un deux-pièces jaune. Des nœuds fermaient le bas sur les côtés. Et je dois dire que le haut m'allait vraiment bien.

Mary Anne a arrondi les yeux.

– Il est superbe.

– À toi, maintenant.

– Non, je ne crois pas que ce soit une bonne idée. Je vais plutôt garder mes vêtements.

– Voyons, Mary Anne ! Ton maillot n'est sûrement pas si laid. Fais-moi voir.

– Non.

– Mary Anne, les enfants vont s'impatienter. Mets-toi en maillot de bain.

Mary Anne a enlevé son T-shirt et son short à contrecœur. Elle avait un très joli deux-pièces bleu clair rayé blanc. Il faisait un peu plus bébé que le mien, mais il lui allait très bien. Et je le lui ai dit.

Elle ne semblait pas tout à fait convaincue, mais elle ne s'est pas rhabillée pour autant. Et nous sommes allées préparer les enfants. Une bonne vingtaine de minutes plus tard, nous nous sommes élancés à l'assaut de la plage. À mi-chemin de la mer, Mallory s'est arrêtée et a déclaré :

– C'est l'endroit idéal.

Les enfants ont aussitôt laissé tomber toutes leurs affaires et sont partis en courant en nous laissant le soin de tout installer. Il était neuf heures et demie et les maîtres nageurs étaient à leur poste. Nous avons étendu les serviettes, ouvert les parasols et installé les fauteuils de plage.

Je me suis appliqué de la lotion éclaircissante sur les cheveux.

– Soleil, à toi de faire le reste !

Puis, je me suis tartinée d'huile solaire avant de m'asseoir dans un fauteuil.

– Zut ! a dit Mary Anne, on a oublié de mettre de la crème aux enfants. Ils vont attraper des coups de soleil.

Nous avons rappelé les enfants et les avons enduits de crème de la tête aux pieds. Puis ils se sont à nouveau dispersés. Le sable était blanc et chaud. Les vagues s'ourlaient d'écume sous le ciel bleu. Que la vie était belle ! La plage se remplissait tout doucement. Des familles s'installaient aux alentours. Je regardais autour de moi et mon attention s'est arrêtée sur un garçon de quatorze ans environ que deux gamins, de sept et quatre ans, tiraient, l'un par la main, l'autre par le short. Le pauvre garçon portait en plus dans ses bras un bébé, deux ou trois serviettes de bain et un parasol ! Ils se sont mis près de nous. Le grand me rappelait quelqu'un. Il a étalé les serviettes et enduit les enfants de crème solaire avant de les laisser s'élancer vers l'eau. Il est resté sous le parasol avec le bébé. Je me suis demandé si c'était leur grand frère, mais il n'avait aucun air de famille avec les autres. Il avait la peau très pâle et des cheveux châtain clair, alors que les petits garçons avaient le teint mat et une tignasse noire et bouclée.

J'ai donné un coup de coude à Mary Anne.

– Tu vois ce garçon ?

Elle a acquiescé d'un hochement de tête.

– Je crois qu'il fait aussi du baby-sitting.

– Vraiment ?

Tout en surveillant les petits Pike, Mary Anne et moi avons observé l'autre baby-sitter. J'avais, bien entendu, déjà vérifié si le beau maître nageur de la veille était là, mais il y avait deux autres personnes au poste de garde.

– Lucy ? Regarde Byron.

J'ai parcouru la plage des yeux. Mallory, Jordan, Adam et Nicky barbotaient dans l'eau jusqu'à la taille. Claire, Margot et Vanessa faisaient un château de sable que venaient lécher les vagues. Byron était assis en retrait sur le sable, seul. Il regardait fixement la mer.

– Qu'est-ce qu'il a ?

Mary Anne a haussé les épaules.

– Je ne sais pas. Il n'est pas allé dans l'eau depuis que nous sommes arrivés. Il n'y a même pas trempé un orteil.

– Peut-être qu'il ne sait pas nager ?

– Les triplés ont pris des cours de natation à la piscine. Il sait forcément nager.

J'étais en train de réfléchir à ce qui pouvait arriver à Byron quand une Jeep s'est arrêtée devant le poste de secours. Deux garçons en sont descendus, des paravents dans les bras. C'était lui ! Je l'ai tout de suite reconnu, malgré ses lunettes de soleil et la tonne de crème solaire qu'il avait mise sur le visage. Il était vraiment craquant !

Il a posé son paravent sur le sable et s'est assis, face à la mer. Zut, il me tournait le dos…

– C'est lui ! C'est lui !

– Qui ?

Mary Anne regardait Byron, l'air soucieux.

– Ben, lui. Le garçon dont je t'ai parlé hier. Le maître nageur de mes rêves. Oh, je crois que je suis amoureuse. En fait non, j'en suis sûre.

– Moi, je crois surtout que tu n'es pas la seule.

– De quoi tu parles ?

– Tu n'es pas la seule à craquer pour lui. Regarde.

Un groupe de filles de notre âge s'étaient en effet rassemblées au poste de secours. Elles semblaient être sorties de nulle part. Elles papillonnaient autour des maîtres nageurs, en particulier autour de celui qui me plaisait tant, en bavardant joyeusement et en riant aux éclats. Mon cœur a fait un bond.

J'ai passé toute la matinée à les observer du coin de l'œil. Mary Anne semblait agacée, mais tant pis. C'était plus fort que moi. Si seulement j'avais pu être à la place de ces filles ! Moi aussi j'aurais voulu plaisanter avec eux, leur apporter des sodas ou des sandwichs…

– Tu ne pourrais pas faire attention aux enfants, plutôt ? m'a tancée Mary Anne d'une voix sèche. Ces garçons sont bien trop âgés pour toi.

– Mais bien sûr que non !

– Bien sûr que si !

Au même moment, trois filles qui devaient être au moins au lycée se sont installées sur la plage, non loin du poste de garde. Les maîtres nageurs les ont suivies des yeux et ont paru se désintéresser complètement des autres.

– Tu vois ce que je veux dire ? a lancé Mary Anne.

– Oh, tais-toi. Tu ne comprends pas.

Nous ne nous sommes plus adressé la parole jusqu'à l'heure du déjeuner, où il a fallu rassembler les enfants. Il faisait trop chaud pour manger sous le soleil. Nous sommes rentrés à la maison. Ils ont englouti leur repas à toute allure, pressés de retourner sur la plage. J'ai insisté pour qu'ils mettent des T-shirts, car leur peau n'était pas encore habituée au soleil. Je me suis également rhabillée. Seule Mary Anne était restée en maillot de bain. Elle prétendait vouloir bronzer très vite. Les enfants ont filé directement vers l'eau, bien que je leur aie dit d'attendre au moins une heure après le déjeuner avant de se baigner.

– Au moins, Byron t'a obéi, a remarqué Mary Anne.

– C'est vrai.

Comme Adam et Jordan éclaboussaient Byron, j'ai cru bon d'intervenir.

– Ça suffit ! Laissez-le tranquille.

– Poule mouillée ! hurlait Adam.

– Mauviette !

– Bébé !

– Face de rat !

J'ai couru les rejoindre.

– Ça suffit, maintenant. Que se passe-t-il ?

– C'est lui qui a commencé ! a aboyé Byron.

– Je ne veux pas savoir qui a commencé. Je veux savoir pourquoi vous vous battez.

Mary Anne m'avait rejointe. Sans crier gare, Adam s'est jeté sur Byron, et Mary Anne a eu le réflexe de s'interposer. La pauvre avait failli perdre son haut dans l'opération.

– Byron est un bébé ! se moquait Adam. Il a peur d'aller dans l'eau.

– Et c'est pour ça que vous l'embêtez ? leur ai-je demandé.

– Il doit nous accompagner. On est des triplés. On doit tout faire ensemble et il gâche tout.

– Puisque Byron n'a pas envie d'aller dans l'eau, pourquoi ne pas jouer avec lui sur la plage ? a suggéré Mary Anne, en rajustant son maillot de bain.

Je me suis alors rendu compte que le super maître nageur regardait vers nous. Il me souriait ! Mes genoux se sont mis à trembler. Il fallait que je lui parle. J'ai laissé là Mary Anne et les triplés et je suis partie vers le poste de garde, comme hypnotisée.

– Salut, beauté, m'a fait le beau maître nageur en me voyant arriver.

J'avais les jambes flageolantes, mais j'ai quand même réussi à afficher un grand sourire.

– Auriez-vous l'heure, s'il vous plaît ? Ma montre ne marche pas.

Les filles m'ont dévisagée avec méfiance.

– Bien sûr. Il est deux heures vingt-cinq.

– Merci.

Puis j'ai tourné les talons, d'un air le plus naturel possible.

– Lucy !

Mallory courait vers moi en portant Claire.

– Elle s'est coupé le pied sur un coquillage.

Claire me tendait les bras en pleurnichant.

Je l'ai serrée contre moi pour la rassurer et m'apprêtais à rentrer la soigner, mais le maître nageur nous avait rejointes avec une trousse de secours. Il a nettoyé et pansé la blessure de Claire sous nos yeux admirateurs.

Une fois seuls, Claire était retournée jouer, il m'a souri.

– Je m'appelle Scott. Scott Foley. Je t'ai déjà vue, hier, non ?

– Je suis… Je suis Lucy MacDouglas. J'ai treize ans et je viens de New York.

Quelle imbécile ! J'aurais voulu mourir. C'était idiot d'avoir dit ça.

Mais Scott continuait à sourire.

– Il faut que je retourne à mon poste.

Cet après-midi-là, je trouvais tous les prétextes possibles pour parler à Scott. Je lui ai demandé le temps qu'il ferait le lendemain, les horaires des marées en affirmant que c'était très important pour moi de le savoir. Puis, vers quatre heures et demie, Scott m'a demandé si je voulais bien lui rapporter un soda.

En entendant ça, les autres filles se sont éloignées et j'ai eu Scott à moi toute seule pour le reste de l'après-midi. Il m'a dit qu'il habitait à Princeton, dans le New Jersey, qu'il venait d'avoir dix-huit ans, et allait entrer à l'université en septembre. Il était un petit peu âgé pour moi, mais cela m'était égal.

Un peu avant de rentrer pour le dîner, Mary Anne m'a reproché de ne pas l'avoir beaucoup aidée, mais j'ai coupé court à la discussion en courant au bord de l'eau. J'ai regardé vers le poste de garde. Puis, je me suis agenouillée sur le sable mouillé. J'ai ramassé un éclat de coquillage et j'ai tracé :

LUCY + SCOTT = AMOUR

Je n'ai pas attendu qu'une vague efface ces mots. Je suis rentrée avant.

6

Lundi

Chère Kristy,

Nicky a un gros problème : les triplés le traitent comme un bébé et ne le laissent pas jouer avec eux. Il se retrouve donc avec les filles, ce qui ne lui plaît pas du tout, d'autant qu'il se chamaille sans arrêt avec Vanessa. Je suis un peu triste pour lui.

Bisous, Lucy

Lundi

Chère Carla,

Est-ce qu'il fait beau en Californie ? Moi, j'ai eu mon premier coup de soleil. Je ressemble à une tomate, mais avec des cheveux...

Bisous, Mary Anne

M. et Mme Pike ont passé presque toute la journée du lundi sur la plage avec les enfants, Mary Anne et moi. Scott n'était pas à son poste. J'étais déçue. Mais quand Mme Pike nous a annoncé qu'elle et son mari souhaitaient dîner tous les deux en ville et qu'elle nous a donné, à Mary Anne et à moi, de l'argent pour emmener les enfants manger à l'extérieur, le moral est revenu au beau fixe.

– Vous pourriez aller au Jardin du hamburger, nous a suggéré Mme Pike. Il n'est pas très cher. Comme ça, il vous restera de quoi vous offrir un extra sur la promenade.

Les enfants étaient fous de joie.

– Le Jardin du hamgurber stupide bêbête gluante ! hurlait Claire.

– Le Jardin du hamburger ! Après le soleil et la mer, quel bonheur ! a lancé Vanessa, dont chaque phrase ressemblait de plus en plus à une carte de vœux.

Les autres ont accueilli la nouvelle en applaudissant.

M. et Mme Pike sont partis à dix-huit heures. Jordan s'est aussitôt écrié :

– Allons-y !

– Je vais prendre un double Crazy Burger avec de la mayonnaise, a déclaré Byron en se léchant les babines.

– Vous êtes prêts ? leur ai-je demandé.

– Oui !

– Vous avez tous mis vos chaussures ?

– Oui !

– Vous êtes allés vous laver les mains ?

– Oui…

– Vraiment ?

– Oui !

– Une seconde, est intervenue Mary Anne. Où est Vanessa ?

– Dans notre chambre. Elle n'a pas fini de s'habiller, je crois, a répondu Mallory.

Je suis montée voir dans la chambre rose et Vanessa était en effet en train de se préparer. Elle prenait tout son temps, comme d'habitude.

– Prête ?

– Presque.

– Tout le monde t'attend.

– Je sais, mais je fais ce que je peux. Mes pieds bougent trop lentement.

J'ai ri.

– Je vais t'aider.

J'ai noué ses lacets et je l'ai aidée à se coiffer, puis nous sommes descendues rejoindre les autres.

Les enfants étaient tellement excités que nous sommes arrivés au Jardin du hamburger en un temps record, malgré toutes les boutiques sur le chemin.

– Tu savais que les tables sont en forme de champignons ?

– Il y a même un manège !

– La sauce des hamburgers est orange. C'est du ketchup mélangé avec de la moutarde !

– C'est super bon, et en plus, il y a un serveur déguisé en lapin !

– L'année dernière, il y avait un concours de coloriage. J'ai gagné deux hamburgers géants et une limonade !

Les commentaires fusaient à mesure qu'on s'approchait du restaurant. Les enfants ont pris la terrasse d'assaut.

– Je veux m'asseoir près du manège ! a crié Claire.

– Ce n'est pas la peine de parler si fort. Nous nous mettrons là où il y aura de la place. Et il nous faudra bien trois tables.

– Il y a des champignons libres près de l'arbre enchanté, nous a déclaré une souris géante qui tenait des menus dans ses pattes. Suivez-moi.

– C'est bien la première fois qu'une souris va me servir ! a dit Mary Anne en gloussant. En fait, c'est la semaine des premières : mon premier maillot deux-pièces, mon premier voyage loin de la maison, mon premier séjour sur la côte et ma première souris serveuse.

– Je suis sûre que c'est aussi la première fois que tu manges sur un champignon ! ai-je ajouté.

Les tables étaient assez petites et il nous en a fallu trois. Claire et Margot se sont ruées sur celle du milieu, les triplés sur la plus proche de l'arbre enchanté. Quand Nicky a voulu s'installer avec eux, Adam l'en a empêché.

– Va t'asseoir avec Vanessa.

– Non, je veux m'asseoir avec vous.

– Il n'y a plus de place, a répliqué Jordan.

– Il y a encore une chaise libre, ai-je fait remarquer.

Adam a croisé les bras sur sa poitrine.

– Pas question qu'il vienne avec nous !

– Mais je ne vais quand même pas m'asseoir avec les filles, s'est plaint Nicky.

– Viens avec nous, Nicky stupide bêbête gluante, lui a gentiment proposé Claire.

– Non, je ne veux pas m'asseoir avec les filles.

Vanessa, qui était toute seule à une table, a haussé les épaules.

– Pourquoi tu fais autant d'histoires, tu n'as qu'à venir ici, je…

– Ah non, encore moins avec toi !

– Qui aurait envie de manger avec Elizabeth Browning ! s'est exclamée Mallory, qui jusque-là n'avait rien dit.

– Qui est Elizabeth Browning ? a demandé Nicky.

– Une poétesse.

– J'aime beaucoup ce qu'elle écrit, a dit Mary Anne.

– Poétesse ou pas, je ne m'assois pas avec Vanessa, s'est mis à bouder Nicky.

Ça commençait à bien faire.

– Bon, ça suffit. Cette gentille souris attend depuis près d'un quart d'heure que nous passions notre commande. Si vous ne vous décidez pas, nous ne mangerons jamais.

Bon gré mal gré, Nicky s'est installé à la table de Vanessa, suivi par Mallory et moi. Même si ce n'était pas la meilleure des solutions, nous avons laissé les triplés seuls à une table. Mary Anne a rejoint Claire et Margot. Avant de consulter les menus, Nicky a fait promettre à Vanessa de ne pas faire une seule rime de tout le repas.

– Tu es content maintenant ? lui ai-je demandé.

– Oui.

Heureusement que j'aime les hamburgers. À part des hot dogs, le restaurant ne proposait que cela : vingt variétés de hamburgers !

C'est un lapin qui est finalement venu prendre notre commande.

– Bonjour, je suis Bugs Bunny. Vous avez des questions à propos des menus ?

– Qu'est-ce que le hamburger surprise ?

– Ça doit être celui au tofu et à l'avocat.

Vanessa a esquissé une grimace.

Nicky, Vanessa, Mallory et moi avons pris des Crazy Burgers, avec du bacon, du gruyère, des pickles et de la sauce orange. Tandis que le serveur se tournait vers les triplés, Nicky m'a demandé :

– Tu connais les frères Térieur ?

– Non. De qui s'agit-il ?

– Tu ne connais pas Alain et Alex Térieur ? s'est-il esclaffé en se moquant de moi.

Mallory a poussé un profond soupir.

Vanessa s'est levée.

– Est-ce que je peux aller voir de plus près l'arbre enchanté ?

– Bien sûr.

Elle est revenue quelques secondes plus tard, les yeux pétillants d'excitation.

– Vous n'allez pas me croire ! C'est comme dans *Charlie et la chocolaterie* ! Il y a des barres de chocolat qui poussent sur l'arbre !

– Vraiment ? a fait Nicky.

– Mais non, idiot. Elles y sont suspendues, c'est tout. Et elles coûtent vingt-cinq cents chacune. Si on tombe sur une barre avec un emballage doré à l'intérieur, on a gagné. J'espère que vous avez noté que je n'ai pas fait une seule rime.

– On peut aller voir ?

– Non, Nicky, après le repas. Les boissons arrivent.

Le serveur revenait en effet avec un plateau chargé de verres et de bouteilles.

Comme les triplés se lançaient leurs pailles à la figure, je suis allée voir Mary Anne :

– Je crois que je ferais bien de m'installer avec les triplés.

– Non, non, a fait Byron en me voyant arriver. On va bien se tenir, promis.

Il avait l'air sincère, alors je suis retournée à ma place. Je n'ai d'ailleurs pas eu à le regretter. Une fois servis, tout le monde a mangé tranquillement, sans chamailleries. À la fin du repas, Mary Anne et moi leur avons distribué à chacun de quoi s'acheter une barre de chocolat à l'arbre enchanté. Nicky a sauté de joie en ouvrant la sienne. Il venait de gagner quatre repas gratuits au Jardin du hamburger. Comme par magie, les triplés sont devenus ses meilleurs amis.

Il nous restait assez d'argent pour acheter une bricole ou deux sur la promenade et aller au Palais de la crème glacée avant de rentrer à la maison.

Nous avons donné à chacun un dollar, car nous ne connaissions pas les prix des glaces. Ils avaient le droit de faire ce qu'ils voulaient de cet argent, à part s'offrir un tour de manège trop dangereux. Je n'avais pas envie de voir quelqu'un transformé en Crazy Burger !

Byron a décidé de faire deux tours de grande roue. Vanessa a acheté une petite biche rose chez le souffleur de verre. Claire, Nicky et Margot ont essayé les autos tamponneuses. Mallory a acheté une grenouille en coquillages. Jordan et Adam sont allés dans la maison hantée et ils étaient fâchés contre Byron, parce qu'il n'avait pas voulu les accompagner.

Nous nous sommes ainsi promenés plus d'une heure. Puis, nous sommes allés au Palais de la crème glacée, bien contents de pouvoir enfin nous asseoir quelques instants.

– Comme je ne prends pas de crème glacée, il reste à peu près trois dollars par personne, ai-je annoncé.

– Un peu plus de trois dollars, a déclaré Mary Anne. Je n'en prendrai pas non plus.

Elle n'avait pas l'air dans son assiette.

– Qu'est-ce qui ne va pas ? Tu as l'air toute bizarre.

– Je ne sais pas. Je me sens brûlante partout.

– Tu as le visage tout rouge.

– J'ai mal partout.

– Attends une seconde. Fais voir tes bras.

Mary Anne a relevé ses manches.

Quand on appuyait sur sa peau, une tache blanche apparaissait à l'endroit où on avait posé les doigts… avant de redevenir rose vif quelques secondes plus tard.

– Tu as un coup de soleil ! Mange une crème glacée. Ça te rafraîchira.

Nous avions en fait suffisamment d'argent pour que chacun puisse prendre ce qui lui faisait envie, et il nous est resté encore deux dollars et trente et un cents.

Il était un peu plus de vingt et une heures quand nous sommes rentrés. M. et Mme Pike n'étaient pas encore là.

– Tu as un coup de soleil ! s'est exclamée Mallory en voyant Mary Anne sous la lumière crue de la cuisine.

– Oh, je sais. N'en rajoute pas.

Nous avons envoyé tout notre petit monde au lit. Mary Anne s'est laissée tomber sur le sien, les bras écartés.

– Ça fait mal… Je ne peux même pas bouger.

Les enfants devaient être profondément endormis, car il n'y avait aucun bruit. Cela faisait une bonne dizaine de minutes que nous étions couchés quand une petite voix s'est fait entendre derrière la porte de notre chambre.

– Mary Anne ? J'ai quelque chose pour toi…

– Nous aussi, a fait une autre voix.

Tous les petits Pike s'étaient rassemblés sur le pas de la porte.

– C'est pour ton coup de soleil, a expliqué Margot en lui tendant un tube de crème.

– Moi, je t'ai pris de l'après-soleil, a déclaré Byron.

– Et moi, un glaçon, a fait Jordan.

– Tiens, des compresses froides, a dit Adam.

– La crème à l'aloès de maman, a dit à son tour Vanessa.

– Un éventail, a proposé Nicky, pour te rafraîchir.

– Des sachets de thé pour tes paupières, a dit Mallory. C'est très efficace.

– Du beurre ! a lancé Claire en brandissant fièrement un bloc de margarine.

– N'importe quoi, a rétorqué Nicky. Le beurre, c'est pour les vraies brûlures, pas pour les coups de soleil.

Il a voulu lui prendre sa margarine des mains, mais elle a couru se réfugier dans les bras de Mary Anne. Nicky s'est alors jeté sur le lit pour l'attraper, imité par les autres qui ne voulaient rater pour rien au monde une occasion de s'amuser. Hilare, Mary Anne se débattait avec les enfants, la margarine, la glace, les sachets de thé et le reste.

Je crois bien n'avoir jamais autant ri de ma vie.

7

Mardi

Chère Claudia,

Je sais que je suis censée faire du baby-sitting, mais Scott était de garde aujourd'hui et je n'arrête pas de penser à lui. Il m'a fait un cadeau ! Je te le montrerai à mon retour. Fais une grosse bise à Mimi pour moi.

Bisous,

Lucy

P.-S. : Mary Anne trouve que le cadeau est bête. Elle ne comprend rien.

Chère Kristy,

J'ai été étonnée d'apprendre que Byron était assez trouillard. Il a peur d'aller dans l'eau, alors qu'il sait très bien nager. Et hier soir, *au parc d'attractions, il n'a pas voulu aller dans la maison hantée. Il faudra que nous en parlions.*

Bisous,

Lucy

Il a fait un temps de rêve, mardi. À la plage, on se serait cru dans une carte postale. Mary Anne, les enfants et moi sommes sortis très tôt, avant même que Scott ne soit à son poste. L'air était encore frais, le ciel transparent, avec seulement un ou deux petits nuages moutonneux.

Ce matin-là, Mary Anne ressemblait à un clown. Elle portait une grande chemise à manches longues et la casquette rouge d'Adam. Le visage couvert d'une épaisse couche de crème et de beurre de cacao, elle avait mis la plus grosse paire de lunettes de soleil qu'elle avait trouvée. Une fois sur la plage, elle s'est aussitôt réfugiée sous un parasol. J'avais très envie de rire, mais je me suis retenue car je savais qu'elle avait encore mal à cause de son coup de soleil.

À la seconde même où les maîtres nageurs sont apparus à leur poste, les enfants, à l'exception de Byron, se sont rués dans l'eau. Sous prétexte de les avoir à l'œil, je les ai accompagnés, mais en réalité c'était pour pouvoir dire bonjour à Scott. Il m'a gratifié d'un :

– Te voilà, princesse !

J'ai cru que j'allais m'évanouir.

– Salut ! Tu n'étais pas là, hier. C'était ton jour de congé ?

– Oui. Et j'en ai bien profité.

J'ai noté cette information dans ma tête : le lundi, Scott ne travaille pas. Je me suis appuyée contre le poste de secours, en espérant être le plus à mon avantage. J'ai jeté un coup d'œil pour voir si Mary Anne me regardait. Mais elle était occupée. Claire, Margot et Vanessa se pressaient autour d'elle, toutes dégoulinantes, pour lui demander quelque chose. Puis, j'ai écarquillé les yeux de surprise : le baby-sitter de l'autre jour était allongé près de Mary Anne et lui donnait la main !

J'en étais encore à ma surprise, quand les choses se sont précipitées autour de moi.

– Salut, Scott !

Deux filles s'avançaient vers nous. Elles avaient mon âge.

– Vous connaissez Lucy MacDouglas, les enfants ? leur a-t-il demandé.

Mon cœur a fait un bond. Il devait sans doute penser que j'étais plus âgée qu'elles !

Contrariées d'être considérées comme des enfants, les filles ont jeté leur dévolu sur l'autre maître nageur.

– Salut, Bruce !

– Salut, les beautés.

Elles ont alors affiché un sourire radieux.

J'avais de nouveau Scott rien qu'à moi.

Quand je me suis à nouveau tournée vers nos serviettes, Mary Anne était seule.

– Un requin ! a hurlé quelqu'un dans l'eau. Un requin !

Scott et Bruce ont regardé dans leurs jumelles et se sont rués sur les mégaphones.

– Tout le monde hors de l'eau !

Ensuite Scott a donné trois coups de sifflet très brefs pour avertir les gardes qui se trouvaient vers le bas de la plage, tandis que Bruce prévenait ceux d'en haut. Jamais je n'avais vu des gens se mobiliser aussi rapidement. J'ai couru chercher les enfants et les sortir de l'eau. Byron, Jordan, Nicky et Vanessa étaient avec moi, mais où étaient passés les autres ?

– Mary Anne ! Où sont Adam, Claire, Margot et Mallory ?

– Claire et Adam sont là.

– Oh non ! Il manque Mallory et Margot !

– Nous voici, a fait Mallory à bout de souffle, en traînant Margot derrière elle.

– Oh, j'ai eu peur !

Mary Anne et moi avons compté les enfants au moins une dizaine de fois.

– Je veux voir le requin ! a crié Nicky, en sautant partout.

Moi aussi, j'aurais bien aimé l'apercevoir.

– D'accord. Longeons la plage, et éloignons-nous de la foule.

Mary Anne et les autres enfants nous ont emboîté le pas. Un peu plus loin, nous avons scruté la mer, les mains en visière à cause du soleil.

– Je crois que je vois quelque chose ! a fait Byron.

– Où ? avons-nous demandé en chœur.

– Une forme là-bas, sur la gauche !

Cela ressemblait à une mouette posée sur l'eau, mais je n'ai rien dit pour ne pas gâcher son plaisir. Plus tard, Adam jurait qu'il avait vu cinq ailerons, mais il était le seul à les avoir repérés. Finalement, nous avons abandonné. Nous sommes retournés vers le poste de garde. La foule s'était dispersée. Scott et Bruce étaient à nouveau à leur poste. C'était l'occasion de poser à Scott une question qui me brûlait les lèvres.

– Ça va ? ai-je commencé d'un air détendu.

– Hello, mon cœur !

Scott m'avait appelée « mon cœur »...

– C'étaient vraiment des requins ? ai-je balbutié encore sous le coup de l'émotion.

– Ça y ressemblait, mais on n'en est pas sûrs. On a préféré faire sortir tout le monde de l'eau, au cas où.

– Vous avez bien fait.

Scott s'est essuyé le front du revers de la main.

– Il va faire chaud, aujourd'hui.

– Tu veux boire quelque chose ?

– Avec plaisir, mon cœur ! C'est une très bonne idée.

Je suis partie en courant à la maison des Pike lui chercher un soda sans même dire à Mary Anne où j'allais.

– Ça fait du bien ! a fait Scott en passant sur son front la canette glacée que je lui avais tendue.

Puis il en a bu la moitié d'un trait avant de la donner à Bruce.

– Tu es géniale, ma chérie. Merci.

Je n'en croyais pas mes oreilles… « Mon cœur », « ma chérie »… Comme j'étais heureuse !

Nous avons passé l'après-midi sur la plage. J'ai essayé d'entraîner Byron dans l'eau, mais il refusait catégoriquement de se laisser faire, clamant haut et fort qu'il ne voulait pas être dévoré par un requin. J'ai également trouvé mille excuses pour aller parler à Scott. Mary Anne me jetait à chaque fois des regards noirs.

Je n'y pouvais rien si Scott avait besoin d'un sandwich ou d'un autre soda. Et puis ce n'était pas de ma faute si Adam avait vidé un seau d'eau sur Byron, ou si Nicky avait disparu pendant dix minutes. Il était tout simplement retourné à la maison sans prévenir personne, mais Mary Anne avait paniqué. Il fallait qu'elle apprenne à affronter ce genre de situations toute seule !

Scott et Bruce ont quitté leur poste de garde à dix-sept heures, comme d'habitude.

Mary Anne a fait sortir les enfants de l'eau.

– Il faudrait les ramener à la maison, m'a-t-elle dit. Mallory et Jordan sont en train de cuire. Et Claire est fatiguée.

– Vas-y. Je voudrais parler à Scott un moment.

– Lucy, il y a deux parasols, dix serviettes, des petites voitures, des seaux, des pelles, des jeux de cartes, des produits solaires et des sacs de plage à ramasser.

– Eh bien, tu as huit enfants pour t'aider. Je reviens tout de suite.

– Tu es payée pour faire du baby-sitting, et c'est moi qui fais tout le travail !

Qu'avait-elle besoin de se mettre dans cet état ? J'ai mis sa colère sur le compte de son coup de soleil. Et puis, de quoi se plaignait-elle ? Le baby-sitter était venu lui donner un coup de main, non ? C'était d'ailleurs lui aussi qui nous avait aidées à retrouver Nicky.

Il fallait que je me dépêche car, pendant que je parlais à Mary Anne, Scott s'apprêtait à quitter la plage.

J'ai couru le rejoindre.

– On se voit demain matin ?

La Jeep qui passait prendre les maîtres nageurs est arrivée au même moment.

– Une seconde, Lucy. Vas-y, Bruce. J'arrive.

Scott voulait-il être seul avec moi ?

Il m'a adressé un sourire à faire fondre toutes les glaces de la banquise, il a enlevé de son cou le sifflet avec sa chaîne et me les a tendus.

– C'était toi la surveillante de la plage aujourd'hui, princesse. Tu nous as beaucoup aidés. Je te confie mon sifflet. C'est un cadeau.

Ma main tremblait comme une feuille.

– Bien, maintenant, il faut que j'y aille. On se voit demain ?

– Oui. Demain. Merci, Scott. C'est le plus beau cadeau qu'on m'ait fait.

Je l'ai regardé rattraper la Jeep et passer par-dessus la portière avec souplesse.

Je crois qu'il voulait me dire qu'il m'aimait, mais il était trop timide. Les garçons sont comme ça, quelquefois.

De toute façon, les mots n'étaient pas nécessaires pour que je sache ce qu'il ressentait. Scott était amoureux de moi !

8

Jeudi

Chère Kristy,

Aujourd'hui, il fait un temps épouvantable. Comme on ne pouvait pas aller à la plage, on a emmené les enfants au golf miniature. C'était génial. J'ai l'impression qu'il n'y a pas beaucoup de différence entre garder deux, trois ou huit enfants. Les petits Pike se disputent souvent, mais ils s'entraident aussi.

Bisous,

Mary Anne

P.-S. : Lucy est vraiment, vraiment pénible.
P.-P.-S. : Ne lui montre jamais cette carte.

M. et Mme Pike nous avaient prévenues qu'il y aurait certainement un jour ou deux de pluie pendant notre séjour sur la côte, mais il avait fait si beau jusqu'alors que ça a été une vraie surprise. Je n'ai d'ailleurs pas cru mes yeux quand j'ai vu le temps brumeux, gris et froid en me réveillant jeudi matin. Il ne pleuvait pas vraiment, mais ce n'était pas un temps à passer la journée dehors. À neuf heures et demie, la plage était toujours déserte et les surveillants n'étaient même pas à leur poste. Mais pourquoi cela n'était pas tombé un lundi, quand Scott est en congé ?

Au petit déjeuner, M. Pike a brandi un prospectus.

– Je pense que c'est le jour idéal pour faire une petite excursion à Smithtown, un lieu historique très intéressant.

– Oh non, papa, ont grogné les enfants.

– Pourquoi ? a demandé Mary Anne.

– Il n'y a rien à faire, là-bas, a expliqué Adam.

– Je déteste y aller, a déclaré Vanessa.

– Tu n'y es allée qu'une fois, ma chérie, lui a fait remarquer sa mère.

– On y est tous allés une fois, pas la peine d'y retourner, a pointé Byron.

– C'est un très joli village de style colonial, a fait M. Pike. Il y a des magasins, des maisons d'époque, une église, un maréchal-ferrant, des artisans…

– Vraiment ? s'est enthousiasmée Mary Anne, qui est une férue d'histoire.

– Mais, les enfants, vous n'êtes pas obligés d'y aller si vous n'y tenez pas, a dit Mme Pike.

– Oh, merci maman ! a lancé Mallory. Mais vous y allez quand même, papa et toi ?

M. et Mme Pike se sont consultés du regard.

– Pourquoi pas ? a dit M. Pike. Vous allez trouver quelque chose à faire, les enfants ?

– Bien sûr, ai-je répondu. Ne vous inquiétez pas pour ça.

Mary Anne semblait déçue.

M. Pike nous a donné de l'argent, à Mary Anne et à moi, avant de partir.

Au bout d'une heure, nous étions tous en train de nous ennuyer à mourir. J'avais écrit à mes parents et à mon amie Laine de New York, et j'étais fatiguée d'écrire. Il n'y avait pas de télévision, et les enfants avaient déjà lu, colorié, et joué à une variante calme de chat. Mallory était dans sa chambre à observer l'océan se déchaîner. Tout le monde commençait à trouver le temps long. Mary Anne et moi avions beau nous creuser la tête, les enfants ont rejeté toutes nos propositions de jeux.

Comme il avait cessé de pleuvoir, je leur ai proposé :

– Et si on allait se promener en ville ou sur la promenade ? S'il se remet à pleuvoir, on n'aura qu'à se réfugier au Palais de la crème glacée.

– Oui ! se sont écriés les enfants en chœur.

– Il fait frais, dehors, a ajouté Mary Anne. Il faut prendre un blouson ou un sweat.

– D'accord.

Après d'âpres négociations, nous nous sommes mis d'accord pour aller au golf miniature.

Malheureusement, nous n'étions pas les seuls à avoir eu cette idée. Il y avait un monde fou. Cela n'avait cependant pas l'air de décourager les enfants.

– Allons-y. On va choisir nos clubs, a fait Byron.

– Je veux le plus grand, a exigé Nicky.

– Ne dis pas n'importe quoi, est intervenue Mallory en souriant. Tu en auras un en fonction de ta taille.

– Stupide bêbête gluante, a chantonné Claire.

Je lui ai fait les gros yeux.

Il a fallu attendre un peu avant de pouvoir nous attaquer au premier trou. On devait faire passer la balle entre les ailes en mouvement d'un petit moulin, au-dessus d'un petit fossé, puis dans le trou, en quatre coups seulement.

Claire voulait être la première. Vingt-sept coups plus tard, elle n'avait toujours pas passé le moulin et nous étions encore neuf à devoir jouer. Derrière nous, un monsieur et une dame commençaient à s'impatienter.

– Est-ce que nous pouvons passer avant vous ? Nous ne sommes que deux. Cela ne prendra que quelques minutes.

– Non ! a aboyé Margot. C'est mon tour ! Je veux jouer !

– Margot..., ai-je essayé de la calmer. Ce n'est pas une façon de parler aux gens, voyons.

– Ce n'est pas grave, a fait le monsieur, nous pouvons attendre.

Mais après onze nouvelles tentatives loupées de Margot, l'homme semblait avoir perdu toute sa patience. Jordan a suggéré à sa sœur d'aller déposer sa balle directement dans le trou. Et c'est ce qu'elle a fait en poussant un cri de victoire.

– Vous pouvez y aller, ai-je alors proposé au monsieur.

– Merci.

Heureusement que les grands étaient plus habiles. Mallory a été la seule à mettre sa balle dans le trou en quatre coups. Même Mary Anne et moi n'y sommes pas arrivées.

– Bravo, l'ai-je félicitée.

– Elle a eu de la chance, c'est tout, a grommelé Byron, à qui il avait fallu douze coups.

Le deuxième parcours semblait plus facile. Au sommet d'une petite colline verte se trouvait une tête de clown avec un gros nez rouge. Il fallait envoyer la balle dans la bouche du clown, et si elle ressortait par le trou du milieu à l'arrière de la tête, le coup était gagnant. Nicky avait tapé dans le mille du premier coup.

– C'est moi le plus fort !

Plusieurs personnes l'ont regardé en souriant.

Adam, qui en était à son dixième essai, lui a tapoté le dos.

– Bravo, petit frère.

Nicky rayonnait.

Comme les gens derrière nous en avaient assez d'attendre, j'ai appelé Mary Anne et Mallory et je leur ai dit qu'il valait mieux nous diviser en trois groupes.

Mallory a accepté de jouer avec les triplés, tandis que Mary Anne se chargeait de Nicky et Vanessa, et moi de Claire et Margot.

Nous nous sommes ensuite présentés au troisième parcours, le Trou du roi.

Mallory et les triplés sont passés en premier, le groupe de Mary Anne a pris le relais. Une demi-heure plus tard, les grands attendaient au huitième trou, Mary Anne et les moyens au sixième, alors que Claire en était encore à son trente-septième essai au Trou du roi.

– Claire, ma chérie…

– Oui, Lucy stupide bêbête gluante.

J'allais lui demander de passer au trou suivant quand Margot m'a devancée :

– Vous savez quoi ? On devrait décider d'une limite. On ne peut pas taper dans la balle plus de vingt fois. Oui, vingt fois. Au-delà de vingt coups, on passe son tour.

J'ai souri. Quelle excellente idée !

Mais Claire faisait la moue.

– Et si ma balle ne va pas dans le trou après vingt coups ?

– Tu auras vingt points, c'est un meilleur résultat que celui que tu viens de faire, lui ai-je expliqué.

Souviens-toi, tu ne dois pas avoir trop de points. Le vainqueur est celui qui en a le moins.

– D'accord.

Cette limite de vingt coups nous a facilité les choses, mais nous avons quand même eu du mal à rattraper notre retard sur les autres. Mary Anne et moi avons autorisé les plus grands à aller voir les boutiques, à condition qu'ils ne s'éloignent pas trop et qu'ils ne traversent pas la rue principale. Mary Anne, Nicky et Vanessa les ont rejoints à la fin de leur partie. Il ne restait plus que Margot, Claire et moi. Il y avait encore cinq trous pour terminer le parcours, mais Claire a fini par laisser tomber son club sur le gazon.

– Je suis fatiguée, Lucy. Je ne veux plus jouer.

De plus, son score dépassait les deux cents points... Quelques instants plus tard, c'était Margot qui jetait l'éponge. Cela tombait bien, je n'en pouvais plus du minigolf !

– Allons rapporter nos équipements.

Pour rendre les balles, on les envoie le long d'une rampe, au sommet de laquelle elles disparaissent et retombent dans le bureau de location.

Heureusement, c'était un coup facile et Claire n'a eu aucun mal à faire disparaître sa balle. Mais soudainement, des lumières se sont mises à clignoter et une sonnerie a retenti, prolongée par une sirène assourdissante. Un type est sorti en trombe du bureau.

– Félicitations ! Vous venez de gagner deux parties gratuites.

– C'est moi, c'est moi ! a crié Claire en bondissant de joie.

– Tu es l'heureuse cinq centième personne à me rendre ta balle, cette semaine !

Il a tendu à Claire deux tickets gratuits.

– Dis, Lucy, est-ce que Margot et moi, on peut recommencer tout de suite ?

J'ai jeté un coup d'œil à la file d'attente devant chaque trou et j'ai bien cru que j'allais m'effondrer.

– Et si tu gardais ces tickets pour le prochain jour de pluie ?

Claire a réfléchi quelques secondes et a déclaré :

– D'accord. Mais tu sais quoi, Lucy ? Tu es une stupide bêbête gluante.

– Tu sais quoi, Claire ? Toi aussi.

Elle m'a fait un grand sourire et a glissé sa main dans la mienne. Nous avons rejoint les autres en chantonnant gaiement.

9

Dimanche

Chères Mary Anne et Lucy,

Vous n'allez pas croire ce qui est arrivé pendant que je gardais David Michael, Andrew et Karen, ce matin. Le cauchemar des baby-sitters !

Tout a commencé lorsque Jim nous a demandé de laver sa voiture. Une chose à retenir : ne jamais, jamais laisser des enfants laver une voiture tout seuls. Cela devrait être l'une des règles de notre club...

Kristy recevait beaucoup de courrier. Claudia, Carla, Mary Anne et moi lui avons écrit des cartes presque tous les jours. Elle nous a envoyé une seule lettre, mais très longue.

Croyez-le ou non, nous faisions toutes du baby-sitting. Carla gardait les enfants de ses voisins de Californie. Claudia et sa famille passaient leurs vacances dans un village de montagne isolé où il y avait beaucoup d'autres familles. Claudia leur a tout naturellement proposé ses services. Mais c'était Kristy qui avait le plus à faire. Normal, c'était la seule du club à être restée à Stonebrook. Visiblement, le baby-sitting qui l'a le plus marquée est celui où elle a gardé non pas les enfants d'une autre famille, mais sa demi-sœur Karen, six ans, son demi-frère Andrew, quatre ans, et son petit frère, David Michael. Elle nous a raconté dans sa lettre que tout avait commencé le dimanche matin, lorsque Jim et sa mère avaient décidé de passer la journée à une vente aux enchères. Kristy ne savait pas de quoi il s'agissait, mais elle n'avait pas posé de questions. Samuel et Charlie, les deux aînés, devaient rendre visite à des copains de leur ancien quartier.

– Je pense que tu devras t'occuper des petits, Kristy, lui a dit sa mère. Cela ne t'ennuie pas ?

– Bien sûr que non.

Elle s'est tournée vers David Michael, Karen et Andrew.

– Qu'est-ce que vous avez envie de faire, aujourd'hui ?

– Lenny Papadakis organise un défilé de chiens, a déclaré David Michael. Je vais y participer avec Foxy. Quelqu'un veut venir avec moi ?

– Moi, a fait Karen.

– Pas moi, a grogné Andrew qui aime bien Foxy, mais qui a peur des chiens en général.

– Karen, tu accompagneras donc David Michael. Tu pourras jouer avec Cornélia.

Cornélia, la petite sœur de Lenny, et Karen s'entendent bien.

– Non, en fait, je préfère rester avec Andrew.

David Michael avait l'air un peu vexé, mais il n'a rien dit. C'est alors que Jim est intervenu :

– J'ai un petit service à vous demander. J'aimerais que quelqu'un lave la Ford.

– Oui ! Oui ! a crié Karen. Est-ce qu'on peut utiliser le tuyau d'arrosage et les grosses éponges ? Ce sera du beau travail, papa ! Grâce à Andrew, Kristy et moi, ta voiture n'aura jamais été aussi propre.

La Ford de Jim est une vieille voiture noire qui ne sert qu'exceptionnellement. Elle est garée dans une remise au fond du jardin. Jim roule dans une voiture de sport rouge, super à la mode, et Edith, la mère de Kristy, dans un grand break vert. Mais Jim tient beaucoup à sa Ford. Il dit qu'elle pourrait être utile un jour. Kristy prétend que depuis qu'elle connaît Jim, il a nettoyé la Ford deux fois et l'a conduite une fois seulement. Mais cela ne faisait rien. Laver la voiture était une excellente occupation pour Andrew et Karen. Avant de partir, Jim a sorti la Ford de la remise et l'a garée dans l'allée. Puis il est parti avec la mère de Kristy dans la voiture de sport. Samuel et Charlie ont pris le break. David Michael est allé chez les Papadakis avec un Foxy bien brossé et arborant fièrement son beau collier écossais.

– Eh bien ? a fait Kristy. Qu'attendons-nous ?

Karen bondissait de joie.

– Mettons-nous d'abord en maillot de bain, a suggéré Kristy. On rassemblera le matériel dont on aura besoin ensuite.

Vingt minutes plus tard, ils étaient tous les trois dans l'allée avec des seaux, des éponges, des chiffons et du savon.

– Tu peux y aller, Andrew !

Andrew a ouvert le robinet du tuyau d'arrosage, mais ils avaient à peine aspergé le capot de la voiture qu'ils ont aperçu David Michael remonter lentement l'allée avec Foxy. Le chien boitait et David Michael pleurait. Kristy s'est précipitée à leur rencontre.

– Que se passe-t-il ?

– Un grand chien est venu…, a balbutié David Michael entre deux sanglots. Il a grogné et Foxy a grogné aussi… Le chien a montré les crocs… et Foxy aussi. Le chien a foncé sur Foxy… et Foxy s'est enfui… et s'est coupé la patte sur quelque chose.

Kristy a examiné la blessure. Le coussinet était en sang. La coupure semblait profonde.

– Allons dans la maison. On va commencer par lui nettoyer ça.

– Et la voiture ? a riposté Karen. Andrew et moi, on peut s'en occuper.

Kristy a hésité un instant, puis elle s'est dit que la voiture était vieille et noire. Si elle n'était pas très bien lavée, personne ne le remarquerait.

– N'oubliez pas de fermer les vitres !

– D'accord.

– Et n'arrosez que la voiture.

– D'accord.

– Et n'essorez pas les éponges dans les plantes. Le savon les tue.

– D'accord.

Après leur avoir donné encore quelques instructions, Kristy a emmené Foxy et David Michael à l'intérieur. Elle a posé le chien sur une serviette et a donné un verre de limonade à David Michael avant d'examiner la blessure de plus près.

– Je pense qu'il vaudrait mieux appeler le vétérinaire. Avec un peu de chance, le Dr Smith pourra se déplacer jusqu'ici.

Mais le Dr Smith ne faisait pas de visite à domicile. Kristy a donc essayé de joindre Samuel, qui savait conduire. Pendant qu'elle était au téléphone, elle avait remarqué qu'Andrew et Karen n'arrêtaient pas d'entrer et de sortir de la maison, mais elle n'y avait pas attaché d'importance.

Samuel a promis de rentrer tout de suite à la maison et Kristy a de nouveau appelé le vétérinaire pour lui dire qu'ils allaient lui amener Foxy. Puis, intriguée par les va-et-vient des deux petits, elle a décidé d'aller voir ce qu'ils fabriquaient. Sous le soleil de ce début d'après-midi, la Ford brillait.

– C'est fait, Kristy ! a déclaré Andrew.

– Regarde, a enchaîné Karen. Je suis sûre que la voiture n'a jamais autant brillé !

Kristy était d'accord. La voiture était éclatante. En fait, elle semblait… argentée.

– Euh… avec quoi l'avez-vous lavée ? a demandé Kristy qui pressentait le pire.

– Oh, on n'a pas utilisé les éponges, a expliqué Karen. Elles n'étaient pas bonnes. On a trouvé mieux. Regarde. C'est toujours ce que papa utilise pour faire briller les casseroles.

Karen a alors brandi deux tampons à récurer.

– Oh non… Vous avez enlevé la peinture ! On ne lave pas une voiture avec de la paille de fer. Votre père n'a jamais dit qu'il voulait qu'on décape sa voiture ! Qu'est-ce qu'on va faire, maintenant ?

Kristy était au bord de la crise de nerfs. Heureusement, Samuel est arrivé et s'est occupé de conduire Foxy chez le vétérinaire, emmenant David Michael avec lui. Kristy a ramassé tout ce qui traînait dans l'allée. Elle s'est rhabillée, et a aidé Karen et Andrew à faire de même.

Foxy est revenu avec trois points de suture à la patte.

Puis… Jim et la mère de Kristy sont rentrés à leur tour. Ils avaient acheté deux flûtes à champagne à la vente aux enchères.

– Comment s'est passé votre après-midi ? Ma voiture est-elle flambant neuve ?

Kristy, Karen et Andrew se sont échangé un regard penaud.

– Tu devrais aller la voir, s'est contentée de dire Kristy.

Tout le monde est sorti dans le jardin et Kristy a expliqué ce qui était arrivé.

– Oh non ! a failli s'étrangler sa mère.

Jim est devenu tout blanc et il est resté bouche bée un long moment.

– Je suis vraiment désolée, a fait Kristy. J'aurais dû mieux surveiller les enfants.

– C'est le moins qu'on puisse dire, a déclaré Jim. Je sais qu'il y a eu une urgence, mais les enfants étaient sous ta responsabilité, et tu aurais dû garder un œil sur eux. D'un autre côté, ce n'est peut-être pas si mal. Tu vois, j'avais pensé faire repeindre la voiture. J'ai toujours rêvé d'en avoir une violette. Mais, comme nous ne l'utilisons presque jamais, je m'étais dit qu'il n'y avait aucune raison de la faire repeindre. Maintenant, la raison est toute trouvée.

– Repeindre la voiture ? a répété Karen, les yeux pétillants. Andrew et moi, on peut le faire !

Jim, Kristy et sa mère les ont regardés droit dans les yeux.

– Non, a dit la mère de Kristy.

– Il n'en est pas question, a confirmé Jim.

– Quand les poules auront des dents, a ajouté Kristy.

Et voilà comment s'est finie sa journée de baby-sitting !

10

Dimanche
K.
Rien à signaler. Enfants en forme.
B. a toujours peur de l'eau.
L.

Dimanche
Chère Claudia,

Jamais je n'ai été aussi humiliée de toute ma vie. Je me sens complètement idiote. Mary Anne a essayé de me prévenir au sujet de Scott, mais je ne l'ai pas écoutée. J'aurais dû savoir qu'il était trop âgé pour moi. Zut ! il n'y a plus de place, je te raconterai la suite sur ma prochaine carte.

Bisous, Lucy

J'ai cru que le ciel s'était effondré sur ma tête ou que la terre s'était ouverte sous mes pieds... Le pire, c'est que je ne m'y attendais pas. J'ai dû écrire trois cartes postales pour raconter toute l'histoire à Claudia.

Cela faisait une semaine que nous étions à Sea City. Tout se passait comme dans un rêve. Mes cheveux avaient éclairci, grâce au soleil, au sel et, bien entendu, à ma lotion éclaircissante. J'étais toute bronzée et j'avais acheté un nouveau maillot de bain dans la rue principale. Il était rose, avec des palmiers et des perroquets.

Mary Anne s'était remise de son coup de soleil, mais elle n'était pas très bronzée. Quand elle s'exposait trop longtemps, sa peau se couvrait de taches roses. Elle restait donc habillée et autant que possible sous un parasol.

Mon diabète ne me posait aucun problème. Je respectais mon régime à la lettre et ma mère n'avait appelé que deux fois pour savoir si tout allait bien. Les petits Pike n'avaient rien remarqué et n'avaient pas posé de question, même quand j'étais la seule à ne pas manger de glaces ou de beignets.

Mais surtout, il y avait Scott. Après une journée de pluie, le beau temps est revenu, et je l'ai vu vendredi et samedi.

Le samedi, M. et Mme Pike sont partis en excursion pour la journée. Mary Anne et moi sommes donc restées seules avec les enfants. À la fin de la journée, Mary Anne ne m'adressait pratiquement plus la parole, sous prétexte que je passais beaucoup trop de temps avec Scott.

En fait, je crois qu'elle était jalouse. Et si j'avais été à sa place, je l'aurais été aussi.

De toute façon, elle n'avait pas besoin de moi, puisque l'autre baby-sitter l'aidait à s'occuper des enfants. Ils ont construit des châteaux de sable, ramassé des coquillages pour aménager un rempart autour des serviettes et fait tout un tas d'activités.

Il fallait bien que quelqu'un s'occupe de surveiller Adam et Jordan qui étaient tout le temps dans l'eau. Et pour cela, le meilleur poste de surveillance est… le poste de garde. J'y ai donc passé une bonne partie de la journée. Je n'y pouvais rien si Scott me parlait de temps en temps, ou me demandait un soda.

– Est-ce qu'on t'a déjà dit que tu étais jolie comme un cœur ?

J'ai senti mes joues virer au rouge vif.

– Non, ai-je murmuré dans un souffle, même si ce n'était pas tout à fait la vérité.

Mes parents me disent souvent que je suis jolie, mais cela ne compte pas. En revanche, qu'un garçon de dix-huit ans beau comme un dieu, blond, aux yeux bleus et bronzé, me le dise, cela comptait bien davantage.

Scott a souri. Il allait ajouter quelque chose, quand il a bondi sur ses pieds.

– Vous êtes trop loin ! Trop loin !

C'étaient des enfants qui voulaient se baigner en dehors de la zone de surveillance.

– Tu étais en train de me dire quelque chose…, ai-je repris quand il s'est rassis.

– Oh, tu es… tu es terrible.

Sa timidité le rendait encore plus craquant. J'en étais sûre, maintenant, il était amoureux de moi.

J'aurais aimé que Mary Anne me parle un peu plus. Plus tard dans l'après-midi, lorsque je lui ai proposé une limonade, elle s'est contentée de hausser les épaules.

– Je vais retourner à la maison et te ramener une canette bien fraîche.

– Non, merci.

– Eh bien, je vais m'en chercher une.

– Si tu veux.

– À tout de suite.

Nous ne nous sommes rien dit d'autre de tout l'après-midi…

M. et Mme Pike sont revenus de leur excursion de très bonne humeur.

– Que diriez-vous d'une soirée de liberté, les filles ? nous a demandé Mme Pike. Nous nous occuperons des enfants.

– Super ! ai-je fait en essayant de paraître enthousiaste.

La soirée promettait d'être bien morne puisque Mary Anne me faisait la tête.

– Vous pouvez aller vous changer maintenant, si vous voulez. Le couvre-feu est à vingt-deux heures. Vous pouvez dîner avec nous ou grignoter quelque chose en ville.

– On va y réfléchir en se changeant. Viens, Mary Anne !

Nous avons grimpé dans notre chambre.

– Mary Anne, s'il te plaît, ne sois pas fâchée. Il est dix-sept heures et on a cinq longues heures devant nous. On pourrait aller sur la promenade, dîner, traîner un peu, faire les boutiques.

Mary Anne paraissait déjà moins grognon. Après sa douche, elle a même daigné m'adresser la parole.

Nous avons choisi nos vêtements avec soin. Qui sait qui nous allions rencontrer sur la promenade ? De beaux garçons… Scott… J'ai mis un cache-cœur blanc sur ma robe rose et je me suis noué un grand ruban blanc dans les cheveux en le laissant flotter sur un côté. Comme Mary Anne n'aimait rien de ce qu'elle avait amené, je lui ai prêté un pantalon corsaire jaune, un débardeur rayé jaune et blanc et une grande veste blanche. Un coup d'œil dans le miroir et nous sommes parties !

Nous sommes allées directement sur la promenade. Nous avons mangé des hamburgers, puis nous avons flâné dans un magasin de souvenirs. Mary Anne a acheté des visières pour Kristy et Carla, et j'ai pris un T-shirt jaune vif pour Claudia. Il n'y avait pas d'inscription dessus, juste un surfeur qui ressemblait à Scott.

Nous sommes ensuite allées dans la galerie marchande et avons joué aux machines à sous. Nous n'avons rien gagné. Ces jeux sont truqués, je ne vois que ça comme explication.

– Tu veux faire un tour sur la grande roue ? m'a demandé Mary Anne.

– D'accord.

Nous avons acheté des billets.

– Deux tickets pour la grande roue, s'il vous plaît, ai-je fait.

Le vendeur, un garçon d'une vingtaine d'années, nous a tendu les billets en nous faisant un clin d'œil.

– OK, beauté.

« Beauté ! »

Sea City était décidément peuplée de garçons adorables !

Du haut de la grande roue, la vue était splendide. On voyait scintiller les lumières des maisons, le long de la plage. La lune traçait sur l'océan un chemin lumineux, et la promenade ressemblait à un pays de conte de fées.

Je ne sais pas ce qui m'y a fait penser, mais tandis que nous étions tout en haut, j'ai dit de but en blanc :

– Je devrais acheter un cadeau pour Scott.

Mary Anne n'a pas relevé.

Quoi qu'il en soit, à peine sommes-nous descendues de la grande roue que je l'ai traînée de magasin en magasin. Elle attendait patiemment pendant que j'examinais chaque article : un livre sur les coquillages, une casquette bleue, un T-shirt où on pouvait écrire ce qu'on voulait. Et si je faisais mettre « Lucy + Scott = Amour » ? Non, ce n'était pas une bonne idée, finalement.

C'est en passant devant l'une des nombreuses confiseries de la promenade que je suis tombée sur le cadeau idéal. Il coûtait presque cinq dollars, mais cela m'était égal.

C'était une boîte de chocolats en forme de cœur, recouverte de satin rouge.

– Cela lui fera comprendre ce que je ressens, tu ne crois pas, Mary Anne ?... Mary Anne ?

J'ai cru un instant qu'elle était encore fâchée contre moi, mais en fait, elle paraissait plutôt gênée.

J'ai suivi son regard.

– Attends, Lucy. Non.

Trop tard.

Derrière moi, blottis sur un banc, il y avait un garçon et une fille. La fille était très belle et elle avait au moins dix-huit ans.

Le garçon, c'était Scott.

Ils s'embrassaient.

Je me suis tournée vers Mary Anne.

– Je crois que je n'en aurai pas besoin.

Je lui ai tendu la boîte de chocolats.

– Tiens. Tu la mérites : tu avais raison. Profite de ta récompense.

Et j'ai éclaté en sanglots.

Mary Anne a laissé la boîte sur un banc, sans l'ouvrir. Puis elle a passé son bras autour de mes épaules et nous sommes rentrées chez les Pike.

11

Dimanche soir

Chère Carla,

Lucy est toujours aussi pénible, mais j'ai été triste pour elle car on a vu Scott embrasser une autre fille (une fille de son âge !). Lucy a fondu en larmes.

Comment cela se passe en Californie ? Tu me manques.

Je crois que je vais m'acheter un nouveau maillot de bain dans un magasin qui s'appelle Sous-Entendus. Lucy s'en est acheté un.

Bisous,

Mary Anne

P.-S. : Lucy s'est décoloré les cheveux !

P.-P.-S. : Détruis cette carte.

La soirée de samedi a été horrible, mais ça a été encore pire le lendemain matin. Il était hors de question que j'aille à la plage. Je n'avais aucune envie de me retrouver face à Scott après ce que j'avais vu la veille.

Après le petit déjeuner, j'ai pris à part Mme Pike et Mary Anne.

– J'ai mal à la tête. Cela ne vous dérange pas si je reste à la maison, ce matin, pour me reposer ?

– Mais pas du tout, a dit Mme Pike d'un air inquiet. J'espère que ça va vite passer.

– D'accord, a soupiré Mary Anne en levant les yeux au ciel.

Elle a attendu qu'on soit seules dans notre chambre pour exploser :

– Et me revoilà encore une fois avec tous les enfants à garder toute seule. Non seulement tu m'as traînée dans un milliard de magasins pour chercher un cadeau pour ton Scott, mais ensuite, quand tu l'as vu avec cette fille, tu m'as presque fait des reproches. Tu exagères, vraiment. La moindre des choses serait de t'excuser.

– Je suis désolée. Vraiment.

Mais Mary Anne n'avait pas fini.

– Si tu avais vraiment mal à la tête, je ne dirais rien. Mais c'est à cause de Scott, pas vrai ?

J'ai acquiescé d'un signe de la tête.

– Une histoire de garçon…

Mary Anne a poussé un soupir agacé.

Je n'avais pas besoin qu'elle me fasse la leçon.

– Arrête de te plaindre, ai-je riposté. Ton baby-sitter sera sûrement là, de toute façon.

– Il s'appelle Alex.

– Il a l'air niais.

– Eh bien, ce n'est pas le cas ! Il est drôle et gentil. Et il sait s'y prendre avec les enfants.

– Ce sont ses frères et sœur ?

– Non, il fait du baby-sitting comme nous. Kenny, Jimmy et la petite Ellie sont adorables aussi. Mais ne change pas de sujet !

– Quel sujet ?

– C'est moi qui fais tout le travail pendant que tu te pavanes devant ton Scott.

– Ce n'est pas vrai.

– Mais si.

J'ai poussé un soupir.

– Je suis vraiment désolée, Mary Anne, ai-je fini par dire en descendant les escaliers.

Mary Anne a fait comme si elle ne m'avait pas entendue.

– Venez, les enfants. On va à la plage.

Les enfants se sont précipités dehors, sauf Byron, qui s'est tourné vers moi.

– Lucy ?

– Oui ?

– Je peux rester avec toi, ce matin ?

– Si tu veux. Mais je ne me sens pas très bien. Je voudrais me reposer.

– Je me reposerai aussi.

Il avait l'air terriblement sérieux.

– D'accord. Va prévenir Mary Anne, pour qu'elle ne s'inquiète pas.

Finalement, j'étais assez contente qu'il ait envie de passer la matinée avec moi.

Une fois seuls, il m'a demandé :

– Tu as envie de faire un petit tour ? Ou bien tu es trop malade ?

– Non, une promenade me ferait du bien. À condition que ce ne soit pas trop loin et que ce soit calme.

– Je connais un endroit très calme. Viens.

J'ai laissé un mot sur la table de la cuisine pour dire que nous étions sortis. Byron m'a entraînée par la porte de derrière, puis dans la rue devant la maison, puis dans l'avenue principale… ce qui nous a amenés à l'autre bout de la ville !

– Voici la baie.

Byron a tendu les bras, un sourire radieux sur les lèvres.

– On se croirait sur une île, ai-je remarqué.

– Mais non, c'est juste une langue de terre qui s'enroule dans la mer comme la queue d'un chien.

J'ai souri.

– Quelle jolie façon de décrire les choses !

La baie était un endroit calme, à l'écart des foules. Les maisons donnaient sur l'océan mais il n'y avait personne aux alentours. Et la mer était si calme qu'on aurait dit un grand lac.

Byron s'est avancé dans l'eau jusqu'aux genoux. Il a mis ses mains en visière et m'a dit :

– Tu vois ? On voit la terre de l'autre côté. Et c'est toujours le New Jersey !

– Byron ! Mais tu es dans l'eau !

Il a baissé les yeux pour regarder l'eau clapoter contre ses jambes.

– Je sais. Il y a un petit crabe… Oups ! il est parti.

– On essaie de le rattraper ?

Byron a secoué la tête.

– Tu as peur de l'eau ?

– Pas vraiment.

– C'est-à-dire ?

– Je n'aime pas les vagues. Elles sont trop… fortes. Et je n'aime pas quand je ne peux pas voir le fond.

Voilà pourquoi il ne voulait pas courir derrière le crabe. Il ne voulait pas s'aventurer plus loin.

Je lui ai pris la main.

– Il n'y a vraiment pas de danger, tu sais.

Nous avons fait quelques pas. L'eau nous arrivait au-dessus des genoux.

– Stop ! Je ne vois plus le fond. Il y a peut-être un gouffre ou quelque chose comme ça.

– Il y a peu de chances. Et si c'était le cas, on pourrait tout simplement nager jusqu'au rivage, pas vrai ?

– Ouais…

Il n'était encore qu'à moitié convaincu.

– Je vais te confier quelque chose, Byron. C'est une preuve d'intelligence d'avoir un petit peu peur de certaines choses.

– C'est vrai ?

– Oui. Parce que si tu n'as pas peur, tu ne te rends pas compte du danger et tu prends trop de risques. Seulement, si tu as trop peur, tu passes sans doute à côté d'un tas de choses très agréables.

Byron semblait réfléchir. Il a longuement pataugé dans l'eau, cherchant des coquillages et des galets pour faire des ricochets. Puis, au bout d'un moment, il a déclaré :

– Qu'est-ce qu'il fait chaud !

Et il a plongé dans l'eau.

Nous avons regagné la maison peu après midi. Grâce à Byron, je me sentais forte, prête à affronter tous les Scott du monde. Enfin… je n'avais qu'à l'éviter. Après tout, il ne savait pas que je l'avais vu avec l'autre fille.

J'avais eu toute la matinée pour réfléchir. Scott m'aimait bien, c'était certain, mais peut-être seulement comme une amie. Mary Anne avait raison : il était trop âgé pour moi. Sa petite copine avait sensiblement son âge. Je me suis sentie un peu stupide. Comment avais-je pu croire que Scott m'aimait ? Il ne m'avait jamais embrassée, ne m'avait jamais pris la main ni invitée à sortir. Il me demandait juste quelques services. Je ne lui en voulais pas. Il avait été gentil avec moi et m'avait même donné son sifflet.

Mais je me sentais trop gênée maintenant pour retourner le voir. Scott allait peut-être se demander pourquoi je l'évitais. Il ne le remarquerait peut-être pas. Il y avait tellement de filles qui papillonnaient autour du poste de garde !

Byron et moi avons déjeuné à la maison. Puis, je lui ai demandé :

– Prêt pour la plage ?

Il a hoché la tête. Je sentais son appréhension, mais il avait l'air déterminé à affronter ses peurs. Exactement comme moi.

Je m'étais fait un sang d'encre pour rien. Au moment où nous sommes arrivés sur la plage, Scott partait, laissant sa place à un autre garçon. Et comme il était en congé le lundi, j'étais tranquille jusqu'à mardi. Mais je ne savais pas encore si je devais me sentir soulagée ou abattue.

Byron, quant à lui, a passé un après-midi formidable. Il est allé dans l'océan presque jusqu'aux genoux. Bien qu'ils n'aient pas réussi à l'entraîner plus loin, Adam et Jordan étaient contents. Ils se sont amusés à s'asperger et courir dans l'eau.

C'est en les voyant jouer que j'ai réalisé combien j'avais négligé les enfants. Il n'y en avait eu que pour Scott. Même lorsque nous étions ensemble, je n'étais pas avec eux. Byron me l'avait fait comprendre. Mary Anne et Alex, le baby-sitter, s'étaient occupés de onze enfants à eux deux. J'ai jeté un coup d'œil vers mon amie et je me suis dit qu'elle avait vraiment l'air heureuse. J'en ai profité pour faire la paix… Enfin, pour me faire pardonner.

À la fin de la journée, les triplés étaient à nouveau inséparables, et Mary Anne et moi étions réconciliées.

Mais Scott et moi, c'était fini.

12

Mardi

Chère Kristy,

Byron s'est jeté à l'eau (c'est le cas de le dire) ! Je sais pourquoi il a peur. On en reparlera à la prochaine réunion du club. On m'a raconté une blague super drôle, aujourd'hui. Je te dirai.

Bisous,

Lucy

Mardi

Chère Claudia,

Je suis à nouveau amoureuse. Il s'appelle Toby et je viens de le rencontrer. Il est brun avec des yeux marron et des taches de rousseur. J'adore comme il s'habille.

Bisous,

Lucy

Il a fait un temps magnifique, lundi et mardi.

J'étais un peu nerveuse en me rendant sur la plage, mais tout s'est passé comme je l'avais prévu. Scott ne s'est absolument pas rendu compte que je l'évitais car il y avait toujours des filles autour de lui. J'ai senti mon cœur se serrer quand il les appelait « ma jolie » ou « ma belle », parce que j'avais cru que cela m'était réservé. Finalement, je n'avais rien représenté pour lui.

J'ai passé tout mon temps avec les enfants, et les deux jours ont filé beaucoup plus vite que je n'avais cru.

Mercredi matin, le soleil était au rendez-vous.

– Tu sais ce que je pense ? a fait Mary Anne en s'étirant dans son lit.

– Non.

– Je me dis qu'on ferait mieux de séparer les enfants en deux groupes, aujourd'hui. Ceux qui veulent passer la journée à la plage pourront le faire tandis que les autres iront se changer les idées en ville ou ailleurs.

– Bonne idée. C'est vrai que Nicky commence à s'ennuyer à la plage.

J'espérais aller en ville, mais Mary Anne avait encore des coups de soleil, alors c'est elle qui a emmené Nicky, Mallory, Byron et Margot au parc d'attractions et au golf miniature. Claire leur a donné ses tickets gratuits. Je l'ai donc accompagnée ainsi que Vanessa, Adam et Jordan à la plage.

Je venais de tartiner les enfants de crème solaire et j'étais en train d'installer les sièges et les serviettes, lorsque j'ai entendu Claire traiter quelqu'un de stupide bêbête gluante. Les mains sur les hanches, elle toisait un des enfants dont s'occupait Alex, l'ami de Mary Anne, tout en entonnant inlassablement :

– Stupide, stupide bêbête gluante !

– Claire Pike ! l'ai-je grondée, au moment où le petit garçon éclatait en sanglots. Qu'est-ce que c'est que ces manières ?

– Personne ne veut jouer avec moi, a-t-elle pleurniché, comme si cela expliquait tout. Ils sont tous dans l'eau et ils ne veulent pas jouer avec moi.

– Ce n'est pas une raison pour te moquer de ce petit garçon.

Claire a haussé les épaules.

– Excuse-toi, puis va t'allonger sur ta serviette pendant dix minutes. Je te dirai quand tu pourras aller jouer.

– Je suis désolée.

Elle ne semblait pas désolée du tout, mais elle a tout de même obéi.

J'ai jeté un coup d'œil à Alex. Il jouait avec le bébé sur une couverture, sous un parasol. Ce jour-là, il n'était pas seul avec les enfants. Il y avait un autre garçon de son âge avec lui.

J'ai pris le petit garçon en larmes par la main et l'ai amené à Alex.

– Que s'est-il passé ?

– Claire s'est moquée de lui. Je ne sais pas ce qui s'est passé, mais je suis désolée.

– Ce n'est rien. Les enfants se taquinent souvent. Tu es Lucy, n'est-ce pas ?

Il a souri, et j'ai réalisé qu'il avait un très joli sourire.

– Oui. Et tu es Alex, je suppose.

– Oui. Et voici la petite Ellie, Jimmy, Kenny et Toby. Toby est mon cousin. Sa famille est sur la côte pour quelques jours.

Voilà comment j'ai rencontré Toby. Il a environ quatorze ans. Parfait, ai-je pensé. Il a des cheveux noirs et bouclés, des yeux d'un brun profond, velouté et des taches de rousseur sur le nez et les joues. Il portait un maillot de bain blanc et une chemise très marrante, avec des bottes de cow-boy et des cactus. Ah oui, il avait aussi des lunettes de soleil hyper cool. J'aurais aimé que Claudia soit là.

– Salut.

– Salut.

Il m'a regardé droit dans les yeux et a esquissé un large sourire.

Il y a eu un silence embarrassé.

– Je ferais mieux de retourner près de Claire, ai-je fini par bredouiller.

– D'accord.

Quand j'ai levé la punition de Claire, nous sommes allées au bord de l'eau. Toby nous a rattrapées en courant.

– Hé, a-t-il dit à Claire, tu sais construire un château de sorcière ?

– Non. Comment on fait ?

– Je vais te montrer. Mais avant, il faut changer de place, les vagues vont tout détruire.

Nous nous sommes éloignés. J'ai noté avec soulagement que nous étions à des dizaines de mètres du poste de garde.

Toby a expliqué à Claire comment laisser s'écouler le sable mouillé entre ses doigts pour créer des formes tarabiscotées. Très vite, Claire s'est mise à l'ouvrage. Toby et moi nous sommes assis à quelques pas.

– Au fait, où habites-tu ? lui ai-je demandé.

– À Lawrenceville dans le New Jersey. Et toi ?

– À Stonebrook. Mais j'ai grandi à New York.

– New York !

– Ouais.

– Wouah !

Toby avait quatorze ans. Il allait entrer en seconde. Il jouait au football et l'informatique le passionnait. Il avait deux sœurs plus âgées. Son groupe préféré était Blur. Il adorait le beurre de cacahouètes. Il détestait l'histoire et la géographie. Il aimait les maths. Il adorait raconter des blagues. Et pendant qu'il me parlait, il n'avait pas regardé d'autres filles.

À la fin de la matinée, nous savions tout l'un de l'autre. Tout en papotant, nous avons édifié avec Claire un château et tout un village. Alex, les enfants qu'il gardait, Adam, Jordan et Vanessa sont venus nous prêter main-forte. Les gens qui se promenaient sur la plage s'arrêtaient pour admirer notre œuvre. Nous aurions pu continuer comme ça toute la journée, mais la faim nous a rappelé qu'il était l'heure d'aller manger.

Nous nous sommes retrouvés après le repas. Les vagues avaient détruit une partie de notre village, mais nous avons décidé d'en faire un encore plus grand.

– Tu connais l'histoire d'Al, le mourant, qui voulait qu'une ville porte son nom ? a fait Toby en achevant une magnifique tour.

– Non.

– Eh bien, cet homme sait qu'il ne lui reste que peu de temps à vivre, et il dit à ses amis : « Promettez-moi qu'une ville portera mon nom. » Ses amis promettent et l'homme demande : « Est-ce qu'elle sera grande ? » Ils répondent : « Bien sûr ! » Et l'homme demande : « Est-ce qu'elle sera belle ? » Et ses amis disent : « Compte sur nous ! »

– Et ils ont donné son nom à la ville ?

Toby a souri avant de poursuivre :

– Et l'homme insiste : « Vous me promettez que ce sera bien mon nom ? » Et les amis disent : « Évidemment, monsieur Buquerque. » Tu as compris ? s'est esclaffé Toby. L'homme s'appelait Al Buquerque ? Albuquerque comme au Nouveau-Mexique !

– J'ai compris !

Et je me suis écroulée sur le sable, morte de rire.

Claire s'est jetée à mon cou.

– Lucy stupide bêbête gluante !

Vanessa a déclamé d'une voix enjouée :

– Plaisanter et jouer au soleil. Voilà qui est vraiment une merveille !

Je regardais Toby. Il me regardait aussi. Nous nous sommes mis à rire. J'étais de nouveau amoureuse.

13

Vendredi

Chère Kristy,

Les enfants sont déchaînés. Comme c'est notre dernier jour à Sea City, ils veulent tout faire « une dernière fois ». Je te verrai probablement avant que tu ne reçoives cette carte !

Bisous,

Lucy

Chère Claudia,

Je sors avec Toby, ce soir. Pour de vrai ! Nous allons passer la soirée sur la promenade. Je te raconterai tout à mon retour.

Bisous,

Lucy

Nous étions vendredi et c'était notre dernier jour au bord de la mer. Le lendemain matin, on rentrait à la maison. Je ne pouvais pas croire que ces deux semaines étaient presque finies.

– Les filles, vous méritez une seconde soirée de liberté, a déclaré Mme Pike. À partir de dix-sept heures vous êtes libres, à condition d'être rentrées pour vingt-deux heures.

C'était le bonheur ! Mais nous avons essayé de ne pas trop le montrer. Nous ne voulions pas que les enfants pensent que nous n'avions pas envie de nous occuper d'eux. Il ne faisait pas très beau. Le soleil perçait de temps en temps entre les nuages et la météo prévoyait de la pluie pour samedi. Je pensais que ce n'était pas plus mal, qu'il serait plus facile de rentrer à la maison si nous ne laissions pas derrière nous un soleil radieux.

Malgré les nuages, les enfants ont tenu à aller à la plage.

– Je veux faire un dernier château de sorcière, a dit Claire.

– On veut jouer une dernière fois au jeu du requin, a expliqué Jordan.

Pendant que nous étions en train de rassembler les affaires, j'ai proposé à Mary Anne :

– Et si on demandait à Alex et Toby de nous accompagner, ce soir ? On pourrait aller sur la promenade ou en ville.

– Tous les quatre ?

– Oui, une sorte de double rendez-vous.

Mary Anne est soudain devenue toute pâle.

– Mary Anne, ne fais pas cette tête. Ce n'est pas comme si tu ne connaissais pas Alex. Vous avez passé beaucoup de temps ensemble et tu l'aimes bien.

– Les filles ne proposent pas aux garçons de sortir avec elles. Cela ne se fait pas.

– Oh, Mary Anne ! c'était à l'époque de nos grand-mères ! Et puis c'est notre dernière chance. On risque de ne plus jamais les revoir.

– C'est vrai…

– Va demander à Alex s'il peut sortir ce soir.

– Moi ? Mais c'est ton idée !

– Oui, mais Alex est ton ami.

Je dois avouer que Mary Anne m'a bluffée. Quand nous sommes arrivées sur la plage, elle s'est dirigée droit sur Alex. J'aurais aimé entendre ce qu'elle lui a dit, mais le vent soufflait dans la mauvaise direction. Tout ce que je sais, c'est qu'elle est revenue avec le sourire aux lèvres, l'air plutôt satisfait.

– C'est fait. On les retrouve chez Hercule, le vendeur de hot dogs, à dix-huit heures.

Il nous a fallu près d'une heure pour nous préparer. Nous n'avions pas pris beaucoup d'affaires. Nous avons finalement mis les mêmes vêtements que pour notre première soirée de liberté, en changeant certains petits détails.

– Je vais me limer les ongles, a déclaré Mary Anne. Ils sont tout abîmés.

– Je vais me mettre du vernis. J'en ai du rose et du jaune scintillant. Tu veux du jaune ?

– Oui. Et je vais mettre de la crème pour les mains.

– Mon eau de toilette ! Où est mon eau de toilette ?

– Je ne sais pas. Tu as du brillant à lèvres ?

Tous ces préparatifs ne nous ont pas empêchées d'arriver cinq minutes en avance au rendez-vous. Les garçons nous ont rejointes à six heures pile. Mary Anne m'a poussé du coude en les voyant s'approcher.

– Tu ne trouves pas qu'Alex a un look super ?

C'était vrai, mais j'avais les yeux fixés sur Toby. Il portait un pantalon de coton blanc et un sweat-shirt large, rayé bleu et blanc. Il semblait très décontracté.

– Salut, m'a-t-il dit avec un sourire rayonnant.

– Salut. Je suis contente que tu sois venu, ce soir.

– Moi aussi.

– Et si on commençait par manger quelque chose ?

Alex a acquiescé :

– Je meurs de faim.

Nous nous sommes assis au comptoir et avons passé notre commande. La spécialité d'Hercule, ce sont des hot dogs longs de trente centimètres, mais j'ai pris un hamburger végétarien. Contrairement aux garçons, Mary Anne et moi n'avons pas réussi à finir nos sandwichs, tellement ils étaient gros. Alex et Toby se sont fait un plaisir de nous aider avant de… commander un autre hot dog ! Mary Anne avait mal au cœur rien qu'à les regarder manger. Comment faisaient-ils pour engloutir tout ça ?

J'ai profité d'un moment où les garçons parlaient entre eux pour murmurer à l'oreille de Mary Anne :

– Cela te dérangerait si je sortais un moment avec Toby ? Je veux dire… Cela ne t'ennuierait pas de rester seule avec Alex ?

Mary Anne a réfléchi. Puis un petit sourire a éclairé son visage.

– D'accord !

J'ai souri. Si nous n'avions pas été dans un lieu public, je l'aurais embrassée.

Les garçons ont fini par venir à bout de leur hot dog à la choucroute et nous sommes sortis du restaurant.

– Que voulez-vous faire maintenant ? a demandé Alex.

– Allons faire les boutiques, a dit Mary Anne.

– Et si on allait sur la promenade, plutôt, ai-je suggéré.

C'est comme ça que nous nous sommes séparés.

Toby et moi avons joué aux fléchettes. J'ai gagné une casquette que je lui ai offerte et il a gagné un ours en peluche qu'il m'a offert (plus tard j'ai appelé l'ours Toby). Peut-être était-ce la chance des débutants (ou d'un amour débutant), car nous avons rejoué trois fois mais n'avons plus rien gagné.

La nuit commençait à tomber tout doucement.

– Promenons-nous un peu, ai-je proposé à Toby.

J'avais simplement envie de regarder les lumières, d'écouter les bruits et de respirer les odeurs de la promenade pour la dernière fois.

Nous nous sommes arrêtés devant un magasin.

– Entrons, a dit Toby.

À l'intérieur, il y avait des étagères et des paniers remplis de coquillages. J'étais en train de fouiller dans une boîte pleine de menus bijoux quand Toby m'a tendu un petit sachet en papier.

– Qu'est-ce que c'est ?

– Ouvre.

Il y avait une minuscule coquille rose pâle dans le sachet.

– C'est en souvenir de moi.

J'étais heureuse, mais je ne sais pas pourquoi, j'avais envie de pleurer.

– Merci.

Toby m'a pris la main.

– Le Tunnel de l'amour… Achetons des tickets !

Ce n'était pas un manège comme les autres. Il n'était pas bruyant, il ne vous remuait pas dans tous les sens. Nous avons choisi une voiture en forme de cygne où nous nous sommes assis côte à côte. Le cygne est entré dans un tunnel à la lumière tamisée où l'on entendait une musique douce.

Juste avant la fin du tunnel, Toby s'est penché vers moi et m'a embrassée.

Mon premier baiser ! Je ne pouvais pas y croire !

Je savais que jamais je n'oublierais la côte, la promenade et le Tunnel de l'amour.

Ni Toby.

Jamais, jamais je n'oublierais Toby.

14

Si seulement j'avais pu arrêter le temps. J'aurais fait que la soirée de vendredi dure éternellement. Malheureusement, on était samedi matin et il fallait ranger toutes nos affaires.

Je me suis réveillée aux aurores, mais je suis restée allongée dans mon lit à me repasser les images de la veille. Mary Anne dormait encore profondément, roulée en boule dans ses draps, ses cheveux lui cachant le visage.

Dehors, les vagues venaient s'écraser sur le rivage avec un bruit sourd. Le ciel était d'un gris menaçant. Une mouette tournoyait au ras du sable. L'air salé entrait par la fenêtre ouverte. Je me suis enfouie sous mes couvertures. C'était la fin de l'été et la fin de nos vacances.

Tellement de choses s'étaient passées au cours de ces deux semaines. J'avais quitté la maison. J'avais respecté mon régime, fait mes injections d'insuline toute seule et je n'avais pas été malade. J'avais rencontré deux garçons adorables, et l'un d'eux m'avait embrassée.

J'ai souri. Toby m'avait promis de venir me dire au revoir, ce matin. J'étais à la fois excitée et triste.

– Lucy stupide bêbête gluante ? a murmuré une voix dans le couloir.

Je me suis levée et j'ai marché sur la pointe des pieds jusqu'à la porte. C'était Claire et elle était toute nue.

– Claire ! Qu'est-ce que tu fabriques toute nue ?

– Je cherche mon maillot de bain. Tu veux venir à la plage avec moi ?

– D'accord.

Une promenade matinale ne pouvait pas me faire de mal.

– Il fait trop froid pour se mettre en maillot. Habille-toi sans faire de bruit. Je te rejoins en bas dans deux minutes.

Le ciel et l'océan avaient presque la même couleur, gris terne, mais il ne pleuvait pas.

Claire a couru jusqu'au bord de l'eau.

– Ne va pas dans l'eau ! Elle doit être glacée.

– D'accord. Je ne fais que regarder.

Claire est restée de longues minutes à contempler l'horizon. Jamais je ne l'avais vue aussi calme aussi longtemps. J'ai ramassé un morceau de bois rejeté par la mer et j'ai tracé sur le sable humide :

LUCY + TOBY = AMOUR

J'ai attendu que les vagues effacent nos noms, mais c'étaient comme si elles les évitaient, et, quand nous sommes rentrés, mon inscription était toujours visible.

Ce matin-là, au petit déjeuner, M. Pike s'est levé de table et nous a dit d'un air très solennel :

– Devinez ce que nous allons faire maintenant ?

– Quoi, stupide bêbête papillon gluant ?

– Le… tirage au sort des corvées !

– Oh non, a soupiré Mallory.

Les triplés se sont tassés sur leur chaise, les sourcils froncés.

Mary Anne et moi nous sommes regardées et avons haussé les épaules.

– J'ai écrit le nom de huit corvées sur des petits papiers que j'ai mis dans ce chapeau. Chacun va tirer au sort sa corvée. Dépêchez-vous, les enfants, il y a beaucoup de choses à faire et nous devons quitter les lieux à treize heures précises.

Il fallait balayer l'entrée, ramasser les seaux de plage, nettoyer la cuisine, jeter les poubelles… On avait du pain sur la planche !

– Lucy et Mary Anne, a demandé Mme Pike, pourriez-vous vous occuper des bagages des enfants ?

– Pas de problème.

Quelques heures plus tard, les enfants avaient terminé leurs corvées et les bagages étaient prêts. Il y avait encore deux ou trois choses à faire avant de partir, mais M. et Mme Pike nous ont permis d'aller à la plage. Le ciel était gris, mais il faisait doux et il ne pleuvait toujours pas. Les maîtres nageurs étant à leur poste, les enfants ont pu se baigner une dernière fois.

Mary Anne et moi les avons regardés s'amuser, assises sur nos serviettes.

– C'est bientôt fini, a soupiré Mary Anne.

– J'ai l'impression qu'on est arrivés hier.

– C'est vrai.

Les genoux repliés sous le menton, nous regardions l'océan. Scott était à son poste, mais c'est à peine si j'y prêtais attention. Je pensais à Toby.

Mary Anne avait l'air rêveur. Elle devait penser elle aussi à la soirée de la veille. Alex et elle étaient restés assis face à la mer et avaient bavardé un long moment, avant d'aller, eux aussi, dans le Tunnel de l'amour.

J'ai donné un coup de coude à Mary Anne.

– Tiens, regarde qui arrive.

Toby et Alex venaient d'apparaître sur la plage, avec Kenny, Jimmy et Ellie.

Nous leur avons fait signe.

– On ne peut pas rester longtemps, nous a prévenues Alex, mais on voulait vous dire au revoir.

– Oh non ! s'est écriée Mary Anne. Je déteste les adieux.

Toby et moi nous sommes éloignés.

– Tu m'écriras ?

– Je te le promets. Et toi, tu m'écriras ?

J'écris très peu de lettres, mais pour Toby, j'étais prête à le faire tous les jours.

– Bon…

– Bon…

– Il faut que j'y aille.

– Oui, je sais…

Il a posé son front sur le mien et m'a murmuré :

– J'ai envie de t'embrasser, mais il y a trop de monde autour de nous.

Les petits Pike nous observaient de loin. Ils en avaient oublié l'océan.

– Je comprends.

– Tu te souviendras de moi ?

– Bien sûr. Grâce au coquillage et à l'ours.

– Je penserai à toi chaque fois que je mettrai ma casquette.

Il la portait d'ailleurs.

– Au revoir, Lucy.

– Au revoir.

Je suis restée sans bouger à le regarder s'éloigner avec Alex et les enfants. Toby s'est retourné une dernière fois pour me faire un signe de la main. Puis ils ont disparu derrière une dune. J'ai couru vers Mary Anne. Elle pleurait.

– Mary Anne ! Tous les enfants nous regardent.

– Je sais.

Je l'ai prise dans mes bras. Moi aussi, j'avais envie de pleurer.

– On en reparlera ce soir à la maison, d'accord ?

Mary Anne a hoché la tête.

Mon regard a alors glissé sur le poste de garde… et j'ai vu Scott qui me faisait signe.

Je lui ai rendu son salut.

– Mary Anne, ai-je dit, j'ai encore une chose à faire. J'en ai pour une minute.

J'ai couru vers Scott.

– Ça fait longtemps qu'on ne s'est pas vus, ma belle.

– J'étais occupée. Nous partons aujourd'hui.

– C'est vrai ? Oh, mais c'est triste, mon cœur. Tu vas me manquer.

Ce qui va lui manquer, ai-je pensé, c'est quelqu'un qui lui apporte à boire. Mais cela m'était égal, car je savais que Scott m'appréciait vraiment, même s'il n'était pas amoureux.

– Merci encore pour le sifflet. Je le garderai toujours.

Je ne le porterai jamais, mais je le garderai pour me rappeler le premier garçon dont j'étais tombée amoureuse. Je le mettrai dans un tiroir. Pas sur une étagère car c'était la place que je réservais à l'ours de Toby, ni sur ma table de nuit, où j'avais l'intention de poser le coquillage.

– Lucy ! a appelé Byron qui était encore au bord de l'eau. Je crois que maman nous appelle !

Mme Pike nous faisait effectivement signe de rentrer depuis la maison. Mary Anne a ramassé toutes les serviettes.

– Je dois m'en aller. J'espère que tu te plairas à l'université, Scott.

– Merci. Tu es un amour.

Alors que nous courions vers la maison, la pluie s'est mise à tomber.

Claire a alors éclaté en sanglots.

– Je ne veux pas partir !

Je l'ai prise dans mes bras.

– Moi non plus, mais il le faut. Tu sais, tu vas revenir l'année prochaine. Ne l'oublie pas.

– D'accord. Et on ira encore au Jardin du hamgurber.

– Et au golf miniature.

– Et on fera du trampoline !

Claire avait retrouvé le sourire.

Tout le monde s'est rhabillé et nous avons chargé les voitures. Il semblait y avoir beaucoup plus de bagages qu'à l'aller. Mais après un nombre incalculable de soupirs et de grognements, chacun et chaque chose ont trouvé leur place. Nous nous sommes répartis dans les voitures de la même façon qu'à l'aller.

– Premier arrêt : l'agence immobilière où nous déposerons les clés, a déclaré M. Pike. Second arrêt : la pause glace.

– Au clair de la lune, papa mange des prunes, s'est mis à chanter Nicky.

– Je déteste cette chanson, Nicky, s'est énervée Mallory.

– Au revoir la mer, stupide bêbête gluante.

– Où est le seau rouge ? a demandé soudainement Margot.

J'ai poussé un gros soupir. Nous étions bien sur le chemin du retour.

15

– Hello, maman ! Hello, papa ! Je suis de retour !

J'étais à la maison, épuisée par le voyage. Entre la pause glace et Stonebrook, Claire avait demandé trente-neuf fois : « C'est bientôt qu'on arrive ? »

– Lucy !

Mes parents se sont précipités à ma rencontre et m'ont serrée dans leurs bras.

– Comment vas-tu ? s'est enquis papa.

– Tu t'es bien amusée ? a demandé maman.

– Raconte-nous ce que tu as fait !

– As-tu pensé à prendre ton insuline tous les jours ?

– Comme tu es bronzée !

– Qu'est-il arrivé à tes cheveux ?

Bien que nous ayons quitté la côte sous la pluie, le soleil brillait à Stonebrook. Maman, papa et moi nous sommes assis dans le jardin et je leur ai raconté mes vacances en détail. Je ne leur ai bien sûr pas parlé de Scott ni de Toby.

Mais moi aussi, j'avais des questions à leur poser.

– Que s'est-il passé, ici ?

– Ça a été très calme, a dit maman. Oh, avant que je n'oublie, Claudia a téléphoné il y a une heure environ. Les Koshi sont rentrés de vacances, et elle aimerait que tu l'appelles.

– D'accord.

Mais je n'avais pas envie de bouger. J'étais trop fatiguée. Papa a préparé un thé glacé et nous l'avons bu en regardant le soleil se coucher derrière les arbres du jardin.

J'ai attendu la fin du dîner pour aller dans ma chambre téléphoner. J'aimerais avoir une ligne avec un numéro de téléphone à moi, comme Claudia, mais je sais que ce n'est déjà pas si mal d'avoir un appareil dans sa chambre. J'ai fermé la porte et je me suis allongée sur mon lit.

J'ai d'abord appelé Mary Anne. Je mourais d'envie de tout raconter à Claudia mais je savais que Mary Anne avait besoin de moi, et j'avais vraiment envie de bavarder avec elle.

– Salut ! C'est moi, Lucy. Je voulais voir si tout allait bien.

– Oh, ça va. Je suis désolée d'avoir pleuré. Je ne me rendais pas compte que lui dire au revoir serait si triste. Je ne savais pas… Oh, je ne sais plus… J'ai honte.

– Mais pourquoi ?

– Je ne sais pas.

– Mary Anne, c'est un garçon. C'est tout à fait normal d'aimer un garçon.

– Mais cela ne m'était encore jamais arrivé. Les garçons m'ont toujours intimidée.

– Alors je suis contente que tu aies rencontré Alex. C'est bien qu'il t'ait fait changer d'avis au sujet des garçons. Ce ne sont pas des extraterrestres, tu sais.

Mary Anne a gloussé. C'était agréable de l'entendre rire.

– Je sais. Je voudrais te dire quelque chose, Lucy. Maintenant, je comprends ce que tu as ressenti pour Scott. Je suis désolée de t'avoir fait des reproches.

– Ce n'est pas grave. Je crois que je te dois des excuses aussi. Je t'ai laissée te débrouiller toute seule. Et ce n'était pas juste. De plus, quand on fait du baby-sitting, il faut penser d'abord aux enfants, quoi qu'il arrive. Est-ce que tu me pardonnes ?

– Bien sûr. Et toi, est-ce que tu me pardonnes ?

– Évidemment.

– Au fait, tu te rappelles quand tous les petits sont venus m'apporter toutes sortes de remèdes contre les coups de soleil ?

– Oui. Et quand Claire a gagné des entrées gratuites au golf miniature ?

– Et la tête d'Adam quand Nicky a mis sa balle dans le trou du premier coup ?

– Et ta réaction quand j'ai proposé d'organiser un double rendez-vous avec Alex et Toby !

Nous nous sommes mises à rire sans pouvoir nous arrêter.

– Je me demande si finalement quelqu'un a trouvé la boîte de chocolats que tu as laissée sur le banc de la promenade, ai-je lancé.

La pensée de Scott et de sa petite amie me rendait triste, mais j'avais envie de rire en pensant aux chocolats.

– Oh, j'espère.

– Est-ce que toi et Alex, vous avez échangé vos adresses ?

– Oui.

Il y a eu un petit silence.

– Nous avons aussi échangé autre chose…

– Quoi ?

– Sur la promenade, vendredi soir… Je ne t'ai pas tout dit. Il y avait une boutique où on pouvait acheter des anneaux et les faire graver. Ils coûtaient cinq dollars. Maintenant, il a un anneau avec mes initiales, et moi j'en ai un avec les siennes.

– Oooh, Mary Anne, un anneau ! C'est très sérieux alors, entre vous ?

– Eh bien, non. Enfin, pas vraiment.

– Est-ce que tu vas le porter ?

– Je vais le mettre autour du cou, avec une chaîne. Je ne veux pas que papa le voie. Il m'enfermerait sans doute jusqu'à ce que j'aie vingt et un ans.

– Peut-être pas.

– Peut-être pas. Mais on ne sait jamais !

– Bon, il faut que je te laisse. Claudia a téléphoné et je ne l'ai pas encore rappelée.

– D'accord. Je crois que je vais appeler Carla et Kristy.

– Mary Anne ?

– Oui ?

– Je suis contente que nous ayons appris à mieux nous connaître.

– Moi aussi.

– Au revoir.

– Au revoir.

J'ai raccroché pour décrocher aussitôt et appeler Claudia.

– Ah ! Salut ! Je ne peux pas croire que ce soit toi ! Tu en as mis du temps à m'appeler ! Comment vas-tu ? Comment s'est passé le voyage ? Oh, j'ai reçu toutes tes cartes postales ! Je suis vraiment désolée pour Scott.

J'ai éclaté de rire.

– Et toi, comment vas-tu ?

– Super. Nos vacances ont été géniales ! Cela a fait du bien à Mimi. Elle va mieux. Et il y avait des artisans là où nous étions, et j'ai tourné un pot.

– Tu as quoi ?

– J'ai tourné un pot.

– Pourquoi ?

– Je veux dire, j'ai façonné un pot, tu sais, sur un tour de potier. C'est comme ça que ça s'appelle. Tourner un pot.

– Oh !

– Le professeur a dit qu'elle n'avait jamais vu un débutant réussir un aussi joli pot. Alors maman et papa ont dit que je pourrais peut-être choisir un cours de poterie à la rentrée.

– C'est génial. Tu as rencontré des gens intéressants ?

– Tu veux dire, des garçons intéressants ?

– Oui.

– Bien entendu.

– Et alors ?

– Il s'appelle Skip. Il a trois ans. J'étais sa baby-sitter.

– Non ?

– Il n'y avait aucun garçon de notre âge là-bas. Mais ce n'est pas grave, j'étais tellement occupée que j'avais à peine le temps de lire tes cartes postales. Que s'est-il passé finalement avec Scott et Toby ? Et quel est ce cadeau extraordinaire que t'a donné Scott ?

– Oh, Scott m'a donné son sifflet de maître nageur. Je te le montrerai. Je ne le reverrai probablement jamais, on ne s'est pas échangé nos adresses. Quant à Toby… On est…

– Quoi ?

– Le dernier soir sur la côte, Mary Anne et moi avons eu la permission de sortir, et nous avons eu un double rendez-vous avec Toby et son cousin Alex.

– Mary Anne a accepté un rendez-vous ?

Je savais que Claudia serait étonnée.

– Oui.

– Avec un garçon ? Et alors ?

– Et elle l'aime vraiment. Toujours est-il qu'après le dîner nous nous sommes séparés, et Toby m'a acheté un coquillage rose. Il a aussi gagné un ours en peluche et il me l'a offert. On a promis de s'écrire.

– Il a l'air vraiment super.

– Oui…

– Comment vont les petits Pike ?

– Très bien. Je pense qu'ils ont passé de bonnes vacances. J'ai appris à mieux les comprendre. Tu sais pourquoi Nicky est si casse-pieds ?

– Pourquoi ?

– Parce qu'il veut faire partie de la « bande des garçons », mais que parfois les triplés ne veulent pas qu'il joue avec eux. Il se sent alors rejeté. Et Byron est très différent de ce que nous croyions. Il est plus calme qu'Adam et Jordan, plus sérieux. Très sensible. Et Vanessa rend tout le monde fou avec sa manie de la poésie, mais c'est une très gentille petite fille. Oh, et Mallory nous a vraiment beaucoup aidées. Il nous est arrivé de lui confier parfois des enfants et elle s'en sort très bien. Dis-moi, quand est prévue notre prochaine réunion du club ? Lundi ?

– Je pense. Tout le monde est rentré de vacances, maintenant.

– Super ! Je suis impatiente de parler à Carla et de savoir ce qui s'est passé en Californie. Je me demande comment Kristy a fait pendant notre absence. Tout le monde a dû l'appeler !

– Il n'y a qu'un seul problème.

– Lequel ?

– L'été est presque fini. C'est bientôt la rentrée.

– Tu exagères, il nous reste deux semaines. Et il peut se passer des tas de choses en quinze jours... Toutes sortes de choses. En deux semaines, j'ai rencontré mon premier grand amour, je l'ai perdu, j'en ai trouvé un autre, et j'ai eu droit à mon premier baiser.

– Ton premier baiser ! Pourquoi tu ne m'en as pas parlé ?

– Je ne t'en ai pas parlé ? ai-je fait innocemment.

– Raconte-moi vite !

– D'accord.

Je savais que nous en avions au moins pour une heure au téléphone, mais quelle importance ? Après tout, j'étais amoureuse.

Ann M. Martin

L'auteur

Ann Matthews Martin est née le 12 août 1955. Elle a grandi à Princeton, aux États-Unis, avec ses parents et sa jeune sœur, Jane.

Elle a été enseignante, puis éditrice de livres pour enfants, avant de se consacrer à la littérature. Pour écrire, elle s'inspire d'expériences personnelles, mais aussi de sa connaissance du monde de l'enfance et de l'adolescence.

Tous ses personnages, même les membres du Club des Baby-Sitters, sont des personnages imaginaires (ainsi que la ville de Stonebrook). Mais beaucoup d'entre eux ressemblent à des gens qu'Ann M. Martin connaît.

Ann M. Martin vit actuellement à New York et ses passe-temps favoris sont la lecture et la couture – elle aime particulièrement réaliser des habits pour les enfants.

Sa série *Le Club des Baby-Sitters* s'est vendue à plusieurs millions d'exemplaires et a été traduite dans plusieurs dizaines de pays.

Le papier de cet ouvrage est composé de fibres naturelles, renouvelables, recyclables et fabriquées à partir de bois provenant de forêts gérées durablement.

Mise en pages : Nord Compo

Loi n° 49-956 du 16 juillet 1949
sur les publications destinées à la jeunesse
ISBN : 978-2-07-507478-0
Numéro d'édition : 306434
Dépôt légal : janvier 2017

Imprimé en Espagne par Novoprint